MA DÉCO
PAPIER

Sarah Louise Matthews

Créer pour mieux vivre

MA DÉCO PAPIER

Accessoires, papeterie, objets déco...
25 pliages et découpages
tendance et délicats

l'inédite

29, boulevard Raspail
75007 Paris

Traduction : Delphine Billaut
Édition : Céline de Quéral
Adaptation de la maquette : François Giraudet

Édition originale publiée par Quarto Publishing plc,
une marque de The Quarto Group
6 Blundell Street – London N7 9BH – Royaume-Uni
© 2018. Quarto Publishing plc.

Responsables d'édition : Katie Crous et Claire Waite Brown
Graphisme : Gemma Wilson
Photographie (pas à pas) : Sarah Louise Matthews
Photographie (projet) : Simon Pask
Directeur de création : Moira Clinch
Directeur artistique : Caroline Guest
Production : Sam Warrington

Imprimé en Chine

ISBN : 978-2-35032-361-9
Dépôt légal : septembre 2018

MIXTE
Papier issu de sources responsables
FSC® C101537

SOMMAIRE

INTRODUCTION

« Ingénieur papier » aurait été le métier de mes rêves quand j'étais petite, si j'avais su que cela existait – ou disons que cette profession se serait classée juste après danseuse étoile… D'aussi loin que je me souvienne, j'ai toujours créé avec passion. Dans mes premiers souvenirs, je me revois réalisant des pingouins en origamis, découpant des ribambelles de personnages. Aujourd'hui, je passe mes journées enfouie sous des feuilles dans mon atelier de Sheffield, en Angleterre : je coupe, je plie, je colle et j'assemble des créations novatrices et ludiques.

Selon moi, le papier est la matière la plus polyvalente en loisirs créatifs. Très abordable en termes de coût, il est omniprésent. Caissettes pour muffins, papier-cadeau, enveloppes, cartes de vœux ou boîtes en carton : tous se transforment facilement. Le papier est souvent ce qui amène les gens à créer, qu'il s'agisse de fabriquer des avions, de découper des farandoles de bonshommes ou de réaliser des flocons de neige : en effet, cette matière est facile à trouver, et les réalisations ne nécessitent qu'un matériel très limité – juste un peu de patience… Je ne me lasserai jamais des possibilités infinies qu'offre une feuille blanche, et je suis toujours aussi fascinée par les mille et une façons dont on peut couper, inciser, plier, façonner et coller le papier, et ainsi faire avec ce matériau du quotidien des objets extraordinaires et précieux.

Depuis ma formation en design textile, je conçois et fabrique des articles de bureau, des accessoires de décoration et des œuvres d'art à la fois gais et contemporains, que je vends sur Internet. Je travaille pour différents clients, professionnels comme particuliers : je leur confectionne des créations sur-mesure pour des séances photo, du marketing visuel ou divers événements. Un meuble à plans rempli de fournitures, une commande qui fait bouillonner mon cerveau et une bonne dose d'imagination : voilà les ingrédients d'une journée de travail de rêve. J'ai une chance inouïe de pouvoir vivre de ma passion, et je vous invite à la partager grâce à ce livre.

Les pages qui suivent présentent des réalisations de difficulté croissante : que vous fassiez vos premiers pas dans les loisirs créatifs ou que vous ayez une longue expérience, j'espère que vous saurez écouter vos envies, et que vous vous accorderez un peu de temps pour créer. Cet ouvrage vous permettra de fabriquer de beaux objets, à conserver précieusement ou à offrir. J'aurai grand plaisir à admirer vos œuvres, alors n'oubliez pas de les partager avec moi sur les réseaux sociaux : @_sarah_matthews, #papercrafthome.

COMMENT UTILISER CE LIVRE

Le papier se trouve partout, et le travailler ne nécessite que peu de matériel : cette activité est donc idéale pour aborder les loisirs créatifs. Avec juste un peu de technique, une feuille peut se métamorphoser en un objet sublime et précieux. Vous trouverez dans ce livre 25 projets qui révèlent toute la polyvalence, la beauté et la simplicité de ce matériau.

Techniques utilisées

Découpage	✂
Marquage des plis	---
Pliage	◣
Réalisation d'un nœud	∞
Enroulage	@

Niveaux de difficulté

Débutant	● ○ ○
Intermédiaire	● ● ○
Avancé	● ● ●

Tous les gabarits sont représentés à taille réelle, sauf indication contraire.

— = couper

····· = pli en relief

--- = pli en creux

FOURNITURES, MATÉRIEL ET TECHNIQUES DE BASE (PAGES 10-17)

L'ouvrage débute par une brève présentation du matériel nécessaire et une introduction aux principales techniques, notamment de découpage, de marquage des plis et de pliage.

LES PROJETS (PAGES 18-125)

Organisés par difficulté croissante, les projets sont illustrés de photos pas à pas et accompagnés d'explications faciles à suivre.

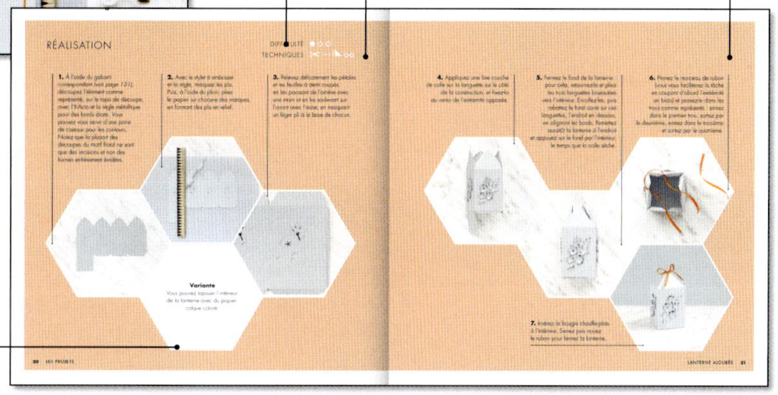

Niveau de difficulté noté de 1 à 3 : débutant, intermédiaire ou avancé

Technique(s) utilisée(s)

Différentes étapes

Le nombre de feuilles de papier nécessaires et leur format sont indiqués pour chaque projet.

Le papier est indiqué en premier, avant le matériel, listé dans l'ordre d'utilisation.

Des astuces complètent les explications.

LES GABARITS (PAGES 126-143)

Cette partie regroupe les gabarits, à scanner ou à décalquer, de certains des projets.

Un code couleur permet de repérer les éléments de chaque projet.

Certains gabarits se chevauchent et sont chacun représentés dans leur couleur respective.

LES FOURNITURES

*Fournitures de base pour débuter

1 Feuilles de papier teintées ou métallisées*
Jusqu'à 150 g, je parle de papier plutôt que de papier cartonné. Le papier se découpe facilement et est parfait pour les projets qui n'ont pas besoin d'être particulièrement résistants.

2 Papier cartonné teinté ou métallisé, fin ou épais*
Entre 150 et 200 g, je parle de papier cartonné fin et, au-delà, de papier cartonné ou de carton. À utiliser lorsque durabilité et structure sont nécessaires.

3 Papier crépon
Fin ou épais, ce papier peut s'étirer et se façonner.

4 Papier de soie de couleur
Ce papier fin et léger est idéal pour réaliser des glands et des pompons ou pour envelopper des objets. Vous pourrez en trouver à motifs dans les boutiques de loisirs créatifs et sur Internet.

5 Papier-calque et papier translucide
Le papier translucide, qui existe dans une large gamme de couleurs, est utile pour les projets légers et délicats.

6 Carton-mousse
Léger, facile à découper et décliné en diverses épaisseurs, le carton-mousse est pratique pour les projets nécessitant de la solidité et/ou du relief.

7 Masking tape
Ces rouleaux de ruban adhésif imprimé existent dans une multitude de couleurs et de motifs. Décoratifs, ils se décollent assez facilement.

8 Ruban
Je conserve le moindre ruban, et je ne résiste pas à l'envie d'en acheter quand j'en trouve un joli. Le ruban est utile pour emballer les cadeaux ou fermer joliment une création.

9 Peinture
Toute peinture à l'eau, comme la peinture acrylique, peut s'utiliser sur du papier et du carton.

10 Fil de fer vert
J'utilise du fil de fer fin de couleur verte pour façonner les tiges des fleurs et des feuilles en papier. Du fil de fer plus gros peut servir à créer la structure d'un projet, une couronne par exemple.

Les créations en papier ne nécessitent pas de grosses dépenses en matériel ; vous avez même sûrement déjà l'essentiel chez vous.

LE MATÉRIEL

1
2
3
4
5
6
7
8
9
10
11
12
13
14
15
16
16
17
We R Memory Keepers
We R Memory Keepers
UHU
El Pegamento Universal
El Pegatodo
Cola Universal

***Matériel de base pour débuter**

1 Paire de ciseaux*
Pour allonger la durée de vie de vos paires de ciseaux, assignez à chacune une tâche spécifique, comme couper du papier, du ruban ou de l'adhésif.

2 X-Acto (scalpel)*
L'X-Acto est l'instrument dont je me sers le plus : précis, il permet des découpes bien nettes. Changez la lame régulièrement.

3 Règle métallique*
Une règle en métal – ou n'importe quelle règle avec un bord métallique – est idéale pour réaliser des coupes droites à l'X-Acto ou pour marquer les plis avec un stylet à embosser.

4 Tapis de découpe*
Choisissez un tapis auto-cicatrisant afin que sa surface ne s'abîme pas à chaque coupe.

5 Stylet à embosser*
Je préfère le stylet à l'X-Acto pour marquer les plis sans risquer de couper le papier.

6 Plioir*
Il sert à réaliser des plis bien nets.

7 Colle blanche liquide*
Ma colle à tout faire est à base d'eau. Elle devient transparente et souple en séchant et laisse le temps de repositionner les éléments.

8 Colle universelle (par exemple UHU)
Plus forte que la colle blanche liquide, elle peut être délicate à utiliser car elle s'étale rapidement et devient plus visible et plus brillante en séchant. Je l'utilise lorsque je veux une fixation plus forte qu'avec de la colle liquide.

9 Pistolet à colle
La colle en pistolet durcit presque aussitôt : elle est donc préférable pour les zones assez petites où l'on souhaite une fixation rapide (par exemple, pour poser les pétales sur une fleur). Faites preuve de précision et de rapidité car elle ne laisse pas le temps de repositionner les éléments.

10 Ruban adhésif double face
Généralement moins fort que la colle, cet adhésif pratique assure une fixation soignée et rapide.

11 Ruban adhésif vert de fleuriste
Je m'en sers pour envelopper les tiges des fleurs en papier. Il faut le tendre en l'enroulant pour que l'adhésif colle bien.

12 Agrafeuse
Elle est parfaite pour attacher rapidement plusieurs feuilles de papier.

13 Perforatrice
Elle permet de percer de petits trous beaucoup plus facilement qu'avec un X-Acto. Procurez-vous-en plusieurs de différents diamètres.

14 Pince coupante
Elle permet de couper du fil de fer, de fixer des perles à écraser ou d'attraper de petits éléments.

15 Aiguilles à tapisserie
Il est utile de disposer d'un assortiment d'aiguilles avec des chas plus ou moins gros pour faire des trous ou enfiler de la ficelle ou du ruban.

16 Crayon et gomme*
Taillez bien votre crayon pour tracer des repères précis.

17 Pinceaux
Je garde à portée de main des pinceaux de diverses grosseurs : des plus fins pour les détails aux brosses larges de 8 cm afin de recouvrir de grandes surfaces.

LES TECHNIQUES DE BASE

✂ LE DÉCOUPAGE

Le découpage est la technique la plus fréquemment utilisée tout au long de ce livre, dans quasiment tous les projets. Si vous n'avez jamais utilisé d'X-Acto, suivez les instructions ci-dessous et entraînez-vous un peu avant de commencer votre première réalisation.

1. Pour obtenir de belles finitions, photocopiez le gabarit et fixez-le sur le papier avec de l'adhésif repositionnable comme du masking tape. Vous pouvez aussi imprimer une image inversée du gabarit directement au verso du papier ; toutefois, les contours imprimés peuvent rester visibles une fois la découpe réalisée. Posez un tapis de découpe auto-cicatrisant sur votre plan de travail et gardez de la place autour pour circuler.

2. Commencez toujours avec une lame neuve. Il est important de la changer régulièrement pour obtenir des coupes bien nettes. Tenez l'X-Acto comme un crayon, la lame à 45 degrés. Coupez toujours vers vous, ce qui permet de mieux contrôler la lame et présente moins de risques. Tenez la feuille de papier de l'autre main et faites-la pivoter au fur et à mesure, de façon à toujours tirer la lame vers vous.

Astuce
Si vous vous sentez plus rassuré avec une paire de ciseaux qu'avec un X-Acto, servez-vous-en pour couper les contours extérieurs.

3. Pour couper droit, servez-vous d'une règle métallique afin que le résultat soit bien propre. Dans les angles, coupez plutôt vers l'extérieur de la feuille que vers l'intérieur. Enfin, commencez par les détails les plus fins du motif avant de passer aux plus grandes formes.

--- MARQUER LES PLIS ET PLIER

Marquer les plis consiste à rainer le papier afin de pouvoir le plier avec précision. Il est conseillé de le faire avant chaque pli, en particulier avec du papier cartonné, pour obtenir de belles finitions.

1. Le plus sûr consiste à utiliser un stylet à embosser plutôt qu'un X-Acto, pour ne pas risquer de trop appuyer et de couper accidentellement le papier. Installez-vous sur un tapis de découpe, alignez la règle, puis passez le stylet le long de celle-ci, en appuyant sur le papier. À défaut de stylet à embosser, vous pouvez vous servir d'un couteau à beurre.

2. Reportez-vous au gabarit pour savoir s'il s'agit d'un pli en creux ou en relief. Sur les gabarits de ce livre, les plis en relief sont indiqués par des pointillés, et les plis en creux par des tirets.

3. Pliez en veillant à ce que le papier soit bien positionné le long du pli que vous venez de marquer, puis pincez au centre avec le bout du doigt avant de lisser la feuille sur toute la longueur.

4. Passez le plioir sur la pliure en exerçant une pression régulière, afin d'obtenir un pli bien net.

ENROULER

Savoir enrouler le papier s'avère intéressant pour reproduire des formes naturelles comme celle des pétales. Il y a plusieurs façons de procéder.

Méthode 1 : avec une paire de ciseaux

1. Servez-vous des ciseaux comme pour friser du bolduc. Saisissez le morceau de papier à enrouler, et prenez une paire de ciseaux ayant une lame plus longue que la largeur du papier.

2. Ouvrez les ciseaux. Tenez le papier dans une main, et placez une lame de ciseaux sous le papier avec l'autre main, le pouce posé sur le papier juste au-dessus de la lame. Passez la lame sur le verso du papier, en appliquant une pression homogène, sur toute la longueur. Recommencez si nécessaire, pour accentuer l'enroulement.

Méthode 2 : avec une pique à brochette

Procédez avec la pique à brochette en bois comme avec la lame de ciseaux. Cette méthode convient bien pour les enfants (sous surveillance), car cela évite qu'ils manipulent une lame. Tenez le papier dans une main et la pique sous le papier avec l'autre main, le pouce posé sur le papier juste au-dessus de la pique. Passez la pique sur le verso du papier en appliquant une pression homogène, sur toute la longueur. Recommencez si nécessaire, pour accentuer l'enroulement.

Méthode 3 : avec un cylindre

Enroulez le papier autour d'un objet cylindrique. Choisissez-en un de petit diamètre, par exemple une pique en bois, pour les petits éléments ou afin d'obtenir un enroulement plus serré, ou bien de gros diamètre, comme un marqueur, pour les grands éléments ou afin d'obtenir un enroulement moins prononcé. Il suffit d'enrouler le papier autour du cylindre, de serrer légèrement pour donner la forme, puis de dérouler.

∞ RÉALISER UN NŒUD

De nombreux projets de ce livre sont attachés avec un ruban : savoir réaliser un joli nœud s'avère bien utile pour apporter à vos créations et autres cadeaux une belle touche finale.

1. Vérifiez que le ruban est assez long de chaque côté de l'endroit où vous souhaitez le nouer. Commencez par faire un nœud : vous avez maintenant une extrémité du ruban en haut et une en bas. Faites toujours la première boucle avec l'extrémité du bas. Cette boucle deviendra la partie droite du nœud, donc relevez-la vers la droite.

2. Prenez l'extrémité du haut et abaissez-la par-dessus la première boucle. Passez la partie la plus proche du centre derrière la première boucle, vers la gauche, pour former la seconde boucle.

3. Pour former un nœud régulier, commencez avec des boucles plus petites que vous ne les souhaitez au final. Passez un pouce dans chaque boucle, puis, avec les index et les majeurs, maintenez les extrémités contre l'arrière de la base de vos pouces, sans trop serrer, au point que les extrémités ne puissent plus bouger. Écartez les pouces jusqu'à obtenir la taille désirée, en laissant les extrémités filer derrière vos mains et en remuant le nœud pour ajuster sa position.

4. Dégagez vos pouces en veillant à ce que les boucles restent joliment arrondies, puis retaillez les extrémités à la même longueur, en faisant une ou deux pointes. Pour réaliser des pointes doubles, pliez le ruban en deux dans la largeur et coupez en biais du bord extérieur en remontant vers le pli.

Avec un ruban à une face

Il est plus facile d'utiliser un ruban dont les deux faces sont identiques, mais si vous disposez d'un ruban à une seule face, veillez à former la première boucle avec le joli côté visible. Quand vous rabattez l'extrémité du haut, placez là encore la plus belle face sur le dessus (en vrillant le ruban si besoin), puis vrillez le ruban au moment de le passer derrière la première boucle, de sorte que la seconde boucle présente la bonne face vers l'extérieur. Faites une autre torsion au milieu, entre la seconde boucle et l'extrémité (voir l'étape 3 ci-dessus).

you can.

LES PROJETS

1

MANDALA FLORAL

Cette réalisation allie couleurs, motifs répétitifs et symétrie grâce à ses découpes et ses superpositions, avec des parties repliées qui créent du relief. Si vous appréciez autant la géométrie que les fleurs, ce projet sera l'occasion idéale de vous entraîner aux découpes, afin de créer un mandala apaisant à regarder.

IL VOUS FAUT

Feuilles de papier de 23 x 23 cm de ces teintes : **1** jaune **2** vert **3** rose **4** gris clair **5** X-Acto **6** Règle métallique **7** Tapis de découpe **8** Plioir **9** Adhésif double face

RÉALISATION

1. Avec l'X-Acto et la règle métallique, recoupez la feuille jaune sur le tapis de découpe pour obtenir un carré de 21 x 21 cm.

2. À l'aide du gabarit correspondant *(voir page 128)*, découpez la feuille verte comme représenté.

3. À l'aide des gabarits correspondants *(voir pages 128-129)*, découpez la feuille rose et la feuille grise comme représenté. Notez que certaines des découpes ne sont que des incisions et non des formes entièrement évidées.

4. Prenez le morceau de papier gris et repliez délicatement chacune des feuilles à demi-coupées sur elles-mêmes, puis lissez les plis avec le plioir.

5. Prenez le papier rose et posez le papier gris par-dessus, en alignant les découpes. Poussez doucement par l'arrière pour faire ressortir chacun des pétales de fleurs roses à demi coupés par les trous correspondants du papier gris. Cette fois, au lieu de replier vers l'arrière et de lisser les plis avec le plioir, relevez délicatement les pétales vers le haut avec les doigts.

6. Préparez quatre morceaux d'adhésif double face et posez-les entre les morceaux de papier, un dans chaque coin, pour les coller ensemble. Puis, toujours avec le double face, fixez le morceau de papier vert à l'arrière des papiers gris et rose, en alignant les découpes.

7. Fixez le morceau de papier jaune à l'arrière à l'aide du double face. Avec la règle métallique, l'X-Acto et le tapis de découpe, égalisez les bords si besoin.

2

MONOGRAMME BOTANIQUE

L'arrivée du printemps donne envie d'agrémenter son intérieur de notes végétales. Si vous n'avez pas la main verte, ce joli monogramme associant de superbes feuilles et des petits boutons roses est la solution idéale pour inviter la nature chez vous.

IL VOUS FAUT

Feuilles de papier A5 de ces teintes : **1** vert moyen **2** vert clair **3** vert foncé **4** rose **5** Plaque de carton-mousse A4 **6** Crayon **7** X-Acto **8** Tapis de découpe **9** Peinture acrylique verte **10** Pinceau **11** Paire de ciseaux **12** Stylet à embosser **13** Règle métallique **14** Colle blanche liquide

RÉALISATION

DIFFICULTÉ ●○○

TECHNIQUES ✂ ---

1. Dessinez une lettre au crayon sur le carton-mousse puis, avec l'X-Acto, découpez-la sur le tapis de découpe.

2. Peignez le devant et les côtés de la lettre avec la peinture verte.

3. À l'aide des gabarits correspondants *(voir page 137)*, découpez des feuilles dans les trois nuances de papier vert, avec l'X-Acto ou les ciseaux.

4. Avec le stylet à embosser et la règle, figurez les nervures comme elles sont indiquées sur les gabarits. Retournez les feuilles et travaillez sur l'arrière pour former des plis en relief. Façonnez ainsi chacune des feuilles une à une. Avec le côté du doigt, repoussez depuis l'arrière et, avec l'autre main, rapprochez délicatement les deux bords pour former un pli en relief. Sur l'endroit, vous obtenez des plis creux bien nets.

5. À l'aide des gabarits correspondants, découpez 8 tiges dans du papier vert et 16 boutons dans le papier rose. Appliquez un peu de colle au verso des tiges, à l'extrémité portant les boutons, et posez-y ces derniers.

6. Fixez les feuilles et les tiges sur le devant de la lettre, en recouvrant au maximum le carton-mousse. Lorsque c'est possible, faites chevaucher les éléments de sorte que la tige de chaque feuille soit recouverte par la feuille suivante.

3

LANTERNE AJOURÉE

Vos décors de fêtes seront encore plus réussis avec un éclairage adéquat. Bien que très simple, cette lanterne en papier découpé, avec ses décors floraux en trois dimensions, crée instantanément une atmosphère magique qui enchantera une réception au jardin, une table de mariage ou encore une soirée d'hiver en intérieur.

IL VOUS FAUT

1 Feuille de papier A4 **2** X-Acto **3** Tapis de découpe **4** Règle métallique **5** Paire de ciseaux **6** Stylet à embosser **7** Plioir **8** Colle blanche liquide **9** 30 cm de ruban **10** Bougie chauffe-plats LED à pile

Avertissement
Pour des raisons de sécurité, veillez à n'utiliser que des bougies chauffe-plats à LED.

RÉALISATION

DIFFICULTÉ ● ○ ○

TECHNIQUES

1. À l'aide du gabarit correspondant *(voir page 131)*, découpez l'élément comme représenté, sur le tapis de découpe, avec l'X-Acto et la règle métallique pour des bords droits. Vous pouvez vous servir d'une paire de ciseaux pour les contours. Notez que la plupart des découpes du motif floral ne sont que des incisions et non des formes entièrement évidées.

2. Avec le stylet à embosser et la règle, marquez les plis. Puis, à l'aide du plioir, pliez le papier sur chacune des marques, en formant des plis en relief.

3. Relevez délicatement les pétales et les feuilles à demi coupés, en les poussant de l'arrière avec une main et en les soulevant sur l'avant avec l'autre, en marquant un léger pli à la base de chacun.

Variante

Vous pouvez tapisser l'intérieur de la lanterne avec du papier-calque coloré.

4. Appliquez une fine couche de colle sur la languette sur le côté de la construction, et fixez-la au verso de l'extrémité opposée.

5. Fermez le fond de la lanterne : pour cela, retournez-la et pliez les trois languettes biseautées vers l'intérieur. Encollez-les, puis rabattez le fond carré sur ces languettes, l'endroit en dessous, en alignant les bords. Remettez aussitôt la lanterne à l'endroit et appuyez sur le fond par l'intérieur, le temps que la colle sèche.

6. Prenez le morceau de ruban (vous vous faciliterez la tâche en coupant d'abord l'extrémité en biais) et passez-le dans les trous comme représenté : entrez dans le premier trou, sortez par le deuxième, entrez dans le troisième et sortez par le quatrième.

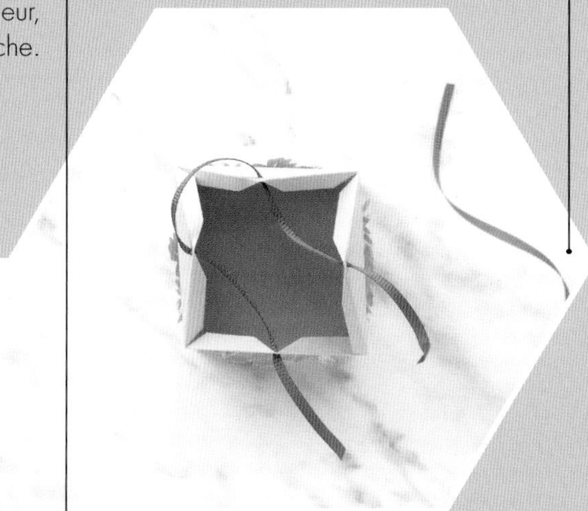

7. Insérez la bougie chauffe-plats à l'intérieur. Serrez puis nouez le ruban pour fermer la lanterne.

4

BOÎTE-CADEAU MAISON

Cette boîte-cadeau est charmante. Quand vous aurez réussi à en réaliser une, pourquoi ne pas poursuivre sur votre lancée ? Assemblez-en vingt-quatre, que vous numéroterez et remplirez de friandises : et voilà un « village de l'Avent » que vous pourrez ressortir et exposer à chaque fin d'année !

IL VOUS FAUT

1 Feuille A4 de papier cartonné fin marbré
2 Feuille A5 de papier doré **3** X-Acto
4 Tapis de découpe **5** Règle métallique
6 Paire de ciseaux **7** Stylet à embosser
8 Plioir **9** Colle blanche liquide
10 Papier de soie de 20 x 20 cm
11 30 cm de ruban

RÉALISATION

DIFFICULTÉ ● ○ ○
TECHNIQUES

1. À l'aide des gabarits correspondants *(voir page 137)*, coupez chacun des éléments comme représenté, sur le tapis de découpe, avec l'X-Acto, ainsi que la règle métallique pour les bords droits. Vous pouvez aussi utiliser les ciseaux pour les contours.

2. Avec le stylet à embosser et la règle, marquez les plis. À l'aide du plioir, réalisez un pli en relief sur chacune des marques.

3. Appliquez une fine couche de colle sur la languette latérale de l'élément en papier marbré et fixez-la sur le verso de l'autre extrémité, en pliant la construction en deux (en l'aplatissant) le temps que la colle commence à sécher.

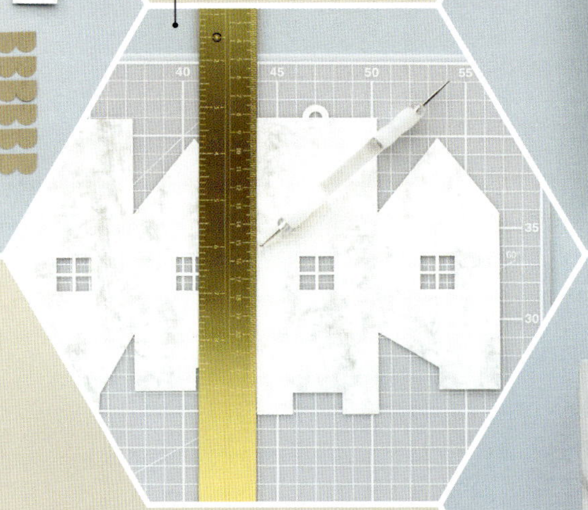

4. Donnez à la maison sa forme en trois dimensions et retournez-la, le toit en bas. Fermez le fond de la boîte, en pliant les côtés vers l'intérieur selon l'ordre des chiffres indiqué sur le gabarit. En pliant le dernier côté, appuyez de façon à coincer la languette sous les autres. Poussez assez loin pour cela, jusqu'à ce que tout s'imbrique.

5. Triez les petites bandes de tuiles festonnées : les bandes avec des tuiles entières et celles avec des demi-tuiles. Prenez une bande avec des demi-tuiles et appliquez un trait fin de colle dans la longueur, au verso. Fixez la bande sur l'un des rectangles dorés. Poursuivez en alignant le centre des tuiles sur les découpes entre deux tuiles du rang inférieur, en alternant les deux types de bandes, jusqu'en haut du rectangle. Essayez d'aligner le haut de la dernière bande sur le haut du support. Faites de même avec le reste des éléments dorés pour former deux pans de toit identiques.

6. Prenez la maison en papier marbré et appliquez une fine couche de colle sur l'extérieur de l'un des pans de toit, en évitant le demi-cercle. Prenez le premier rectangle doré et appuyez-le sur la colle, en alignant le haut des deux éléments. Le demi-cercle doit dépasser en haut, tandis que les bords latéraux et inférieur de l'élément doré doivent dépasser du papier marbré. Avant que la colle ne sèche, retournez aussitôt la maison pour vérifier que le toit est bien centré et ajustez les débords si besoin. Faites de même avec le second pan de toit.

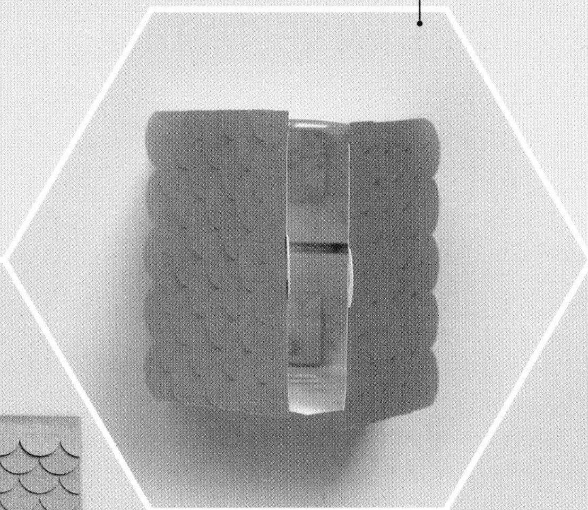

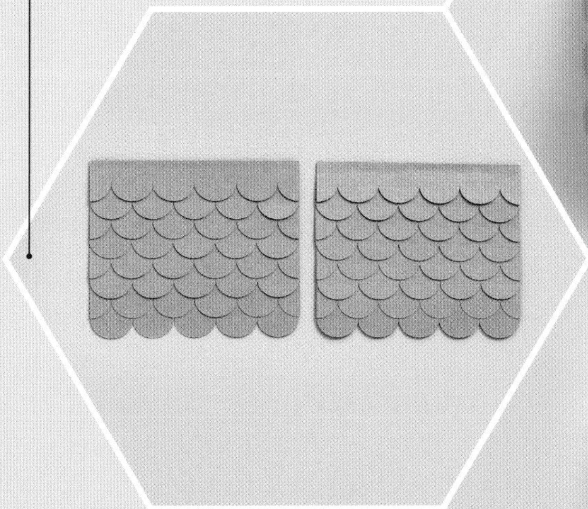

7. Pincez le centre du papier de soie avec les doigts, puis passez la main dans la boîte et répartissez-le délicatement contre les murs, de façon à dégager de la place au centre pour insérer un cadeau.

8. Mettez une petite surprise à l'intérieur de la maison puis enfilez le ruban dans les deux boucles en arc de cercle. Faites un nœud pour fermer la boîte.

5
VASE MINIMALISTE

Ce vase géométrique très simple est parfait pour mettre en valeur de jolis bouquets. Un contenant en verre est glissé à l'intérieur : remplissez-le d'eau pour y disposer des fleurs fraîches, à moins que vous ne préfériez y glisser des créations en papier.

IL VOUS FAUT

1 Feuille A3 de papier cartonné fin
2 X-Acto **3** Tapis de découpe
4 Règle métallique **5** paire de ciseaux
6 Stylet à embosser **7** Plioir
8 Colle blanche liquide **9** Petit verre

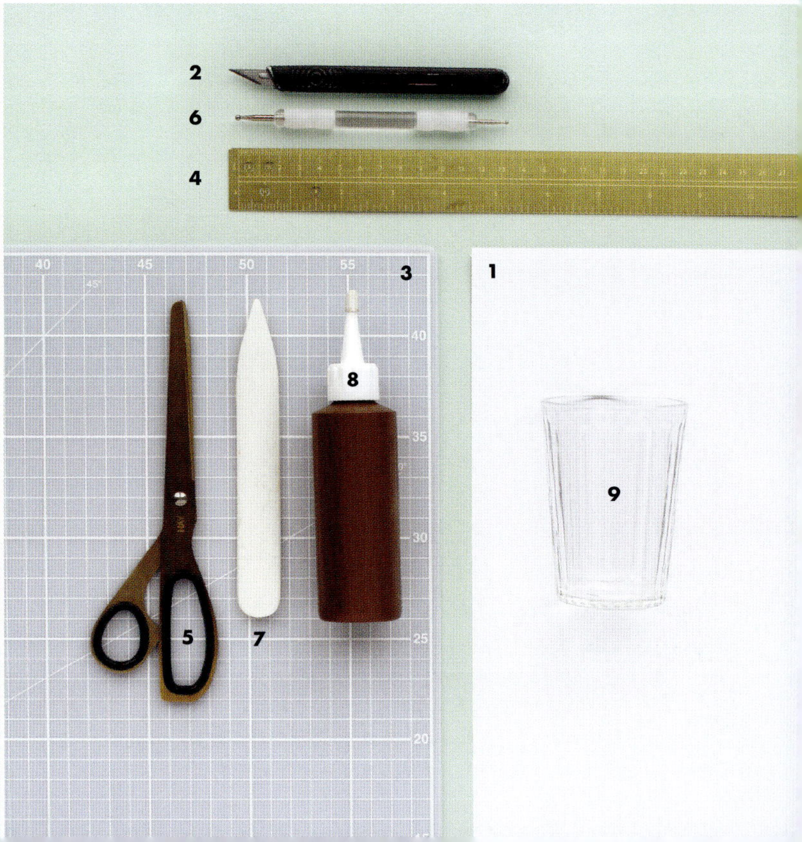

RÉALISATION

DIFFICULTÉ ● ○ ○

TECHNIQUES ✂ --- ◺

1. À l'aide du gabarit *(voir page 141)*, découpez la forme avec l'X-Acto, et la règle métallique sur le tapis de découpe.

2. Avec le stylet à embosser et la règle, marquez les plis.

3. Servez-vous du plioir pour réaliser des plis en relief sur chacune des marques.

Astuce

Ce vase peut également servir de pot à crayons, de pot pour les pinceaux de maquillage ou même de pot de fleurs (ajoutez alors des cailloux au fond du verre pour le drainage).

4. Retournez le papier à l'envers de sorte que les plis soient maintenant des plis creux. Chaque partie qui part du centre comporte deux languettes le long d'un côté. Appliquez une fine couche de colle liquide sur le verso de chaque languette avant de la fixer sur l'avant du bord adjacent, en alignant le pli de la partie avec la languette sur le bord du côté adjacent. Continuez tout autour du vase.

5. Placez le verre dans le vase en papier, puis versez simplement de l'eau et disposez des fleurs.

6

GUIRLANDE DE FLEURS MIROITANTES

La douce lueur des guirlandes lumineuses crée une atmosphère très chaleureuse. Ce joli modèle est facile à réaliser. Dans l'obscurité, les lumières se reflètent sur le papier métallisé. Éteinte, cette création est également du plus bel effet !

IL VOUS FAUT

Feuilles A4 de papier miroir monoface de couleur : **1** or **2** cuivre **3** X-Acto **4** Tapis de découpe **5** Paire de ciseaux **6** Guirlande de lumières à LED **7** Colle universelle **8** Plioir

Avertissement
Pour des raisons de sécurité, veillez à n'utiliser que des lumières à LED.

RÉALISATION

DIFFICULTÉ
TECHNIQUES

1. À l'aide des gabarits correspondants *(voir page 131)*, découpez les fleurs et les pétales comme représenté, sur le tapis de découpe, avec l'X-Acto (ou avec des ciseaux si vous préférez).

2. Prenez les fleurs une à une, la face métallisée sur le dessus. Avec la lame des ciseaux, incurvez délicatement les pointes des pétales vers l'arrière.

3. Placez chacune des fleurs autour d'une ampoule de la guirlande, la face blanche dirigée vers l'extérieur, en alternant or et cuivre. Faites chevaucher les pétales des extrémités et collez-les, en alignant les bords. Si la fleur n'est pas assez serrée autour de l'ampoule, déposez une goutte de colle à la base.

4. Avec le plioir, pliez chacune des feuilles en deux, la face métallisée vers l'extérieur.

5. Placez les feuilles autour de la guirlande, entre les fleurs. Collez les deux parties de chaque feuille l'une sur l'autre, en prenant la guirlande dans la pliure.

7

POCHETTE-CADEAU CYGNE

J'aime l'élégance gracieuse des cygnes (peut-être parce que j'en ai incarné un dans un ballet lorsque j'avais 6 ans…), avec leur plumage d'un blanc immaculé, et la touche d'orange et de noir de leur bec. Ce projet rend hommage à ces oiseaux superbes sous la forme d'une pochette-cadeau très chic.

IL VOUS FAUT

1 2 feuilles A3 de papier blanc **2** Feuille A5 de papier noir **3** Feuille A5 de papier corail **4** X-Acto **5** Tapis de découpe **6** Règle métallique **7** Paire de ciseaux **8** Stylet à embosser **9** Équerre **10** Plioir **11** Colle blanche liquide

RÉALISATION

DIFFICULTÉ ● ○ ○

TECHNIQUES

1. À l'aide des gabarits correspondants *(voir page 135)*, découpez chacun des éléments comme représenté, sur le tapis de découpe, avec l'X-Acto ainsi que la règle métallique lorsque c'est nécessaire, ou avec les ciseaux si vous préférez, pour les contours extérieurs.

2. Avec le stylet à embosser et la règle, marquez les plis. Aidez-vous de l'équerre en l'alignant sur les bords coupés et les autres marques de plis pour repérer les plis à 45 degrés sur les deux parties latérales, comme représenté. Servez-vous du plioir pour plier sur chacune des marques, en formant des plis en relief ou en creux en fonction de ce qui est indiqué sur le gabarit.

3. Appliquez une fine couche de colle sur la languette le long du côté droit de la pochette et fixez-la au verso du côté opposé.

4. Pour fermer le fond de la pochette, pliez d'abord les languettes latérales vers l'intérieur. Sur la première languette biseautée, encollez les zones qui seront superposées aux languettes latérales. Faites de même sur la languette biseautée restante, en appliquant de la colle à l'endroit où elle sera superposée, avant de fermer le fond de la pochette. À ce stade, il peut être pratique de remettre la pochette à l'endroit et d'appuyer sur le fond par l'intérieur pour le maintenir en place le temps que la colle sèche.

5. Placez la pochette devant vous avec le côté de l'anse figurant la tête dirigé vers la gauche, comme représenté. Prenez le grand élément du plumage et appliquez un trait de colle au verso le long du bord supérieur, puis fixez-le sur le devant de la pochette, les bords droits alignés à la verticale et à l'horizontale sur le côté et le fond de la pochette.

6. Prenez le deuxième élément du plumage et déposez un trait de colle au verso le long du bord supérieur, avant de le fixer sur le devant de la pochette, en alignant les bords verticaux sur les côtés gauche et droit de la pochette, et la pointe des plumes sur le haut des plumes de la première rangée.

7. Prenez l'élément du cou et appliquez un trait de colle autour des bords, en évitant le côté des plumes et la tête de sorte qu'elles restent libres et donnent de la profondeur à la pochette. Placez l'élément sur la pochette, en alignant les bords. Une fois la colle séchée, relevez délicatement l'extrémité de la tête et du cou du cygne avec les doigts.

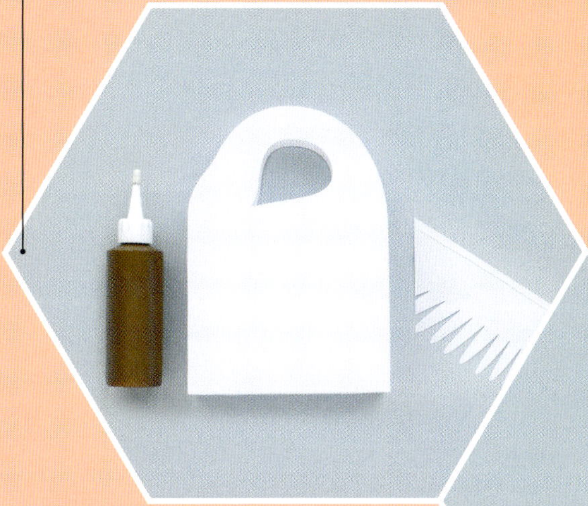

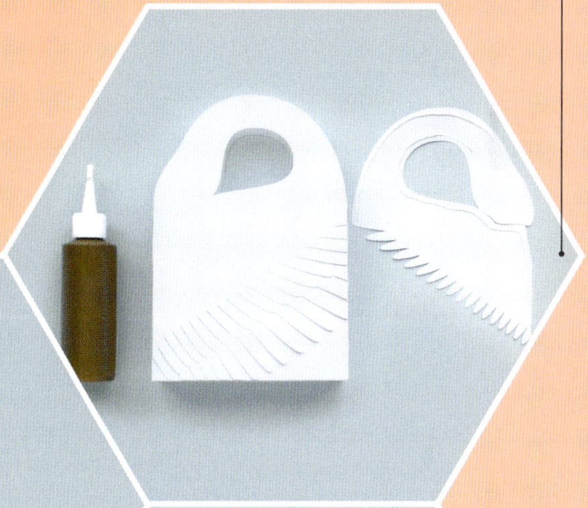

8. Collez l'élément noir du bec sur l'élément corail comme représenté. L'élément noir dépasse légèrement sur le second. Collez l'extrémité du bec comportant l'œil sur la tête du cygne comme représenté ; positionnez-le d'abord pour voir où appliquer la colle, avant d'en déposer une fine couche sur la zone de chevauchement, puis appuyez sur l'élément en place pour le fixer.

8

BRANCHES DE CERISIER EN FLEUR

La floraison des cerisiers est l'un des phénomènes naturels que je préfère. Rien n'est plus beau que de se promener sous des nuages de fleurs rose tendre tandis que les pétales s'envolent telle une pluie de confettis. Cette période est brève : heureusement, ce joli projet permettra de la faire durer toute l'année.

IL VOUS FAUT

Feuilles de papier A4 de ces teintes : **1** rouge foncé **2** rose poudré **3** vieux rose **4** Feuille de papier de soie rose **5** X-Acto **6** Tapis de découpe **7** Paire de ciseaux **8** Colle blanche liquide **9** Pique en bois **10** Billes en polystyrène de 1 cm de diamètre *(voir « Préparation » page 48 pour déterminer le nombre nécessaire)* **11** Aiguille à tapisserie **12** Brindilles **13** Pistolet à colle

RÉALISATION

DIFFICULTÉ ● ○ ○

TECHNIQUES

1. À l'aide des gabarits correspondants *(voir page 139)*, découpez une poignée de croix rouge foncé, des fleurs rose poudré et vieux rose ainsi qu'une petite étoile rouge foncé pour chaque fleur sur le tapis de découpe. Servez-vous de l'X-Acto ou bien des ciseaux si vous préférez.

2. Avec la colle liquide, fixez une étoile rouge au centre de chaque fleur.

3. Posez une pique en bois sur le milieu du premier pétale, puis, avec les doigts, enroulez le pétale autour de la pique, en appuyant sur le papier avec vos doigts pour le mettre en forme, avant de le relâcher. Faites de même pour chacun des pétales de chacune des fleurs.

4. Découpez des carrés de papier de soie rose assez grands pour envelopper les billes de polystyrène. Appliquez un peu de colle liquide autour du bord du premier carré de papier de soie ainsi que quelques gouttes au milieu avant d'emballer la première bille. Essayez de garder une face aussi lisse que possible et entortillez l'excédent de papier pour former une tige.

Préparation

Avant de commencer, comptez le nombre de ramifications sur votre brindille pour déterminer combien de boutons (de billes) vous aurez à réaliser. Quant au nombre de fleurs à confectionner, c'est à vous de décider.

5. Avec les ciseaux, recoupez les tiges en papier de soie aussi près des billes que possible.

6. Prenez la première croix rouge et appliquez une fine couche de colle au verso. Appuyez-la sur la première bille enveloppée de papier de soie, en recouvrant la zone où se trouvait la tige et en faisant remonter les pointes autour des côtés de la bille. Faites de même pour toutes les billes, puis laissez sécher.

7. Avec l'aiguille à tapisserie, percez un trou dans chacune des billes, au centre de la croix rouge. Ne percez pas toute l'épaisseur de la bille, seulement la moitié. Déposez un point de colle à l'extrémité de chaque ramification de la brindille et enfoncez une bille sur chacune.

8. Avec le pistolet à colle, déposez une goutte de colle à l'arrière de la première fleur avant de la fixer sur la brindille. Recommencez avec l'ensemble des fleurs restantes, en les disposant en grappes.

9

EMBOUT DE CRAYON FLEURI

Si vous aimez les créations en papier, il est fort probable que vous appréciez aussi les accessoires de papeterie. Si vous ne pouvez pas résister à une jolie règle ou à une paire de ciseaux originale et que vous possédez toute une collection de stylos et autres crayons, ce projet est pour vous. Il associe deux de mes passions : les articles de bureau et les fleurs. Cet embout qui dépassera joliment de votre pot à crayons vous enchantera à coup sûr.

IL VOUS FAUT

Feuilles de papier A5 de ces teintes : **1** bleu **2** bleu ciel **3** cuivré **4** X-Acto **5** Tapis de découpe **6** Paire de ciseaux **7** Stylet à embosser **8** Règle métallique **9** Plioir **10** Colle blanche liquide **11** Crayon

you can.

RÉALISATION

DIFFICULTÉ ● ○ ○

TECHNIQUES

2. Avec le stylet à embosser et la règle, marquez les plis. Servez-vous du plioir pour former un pli en relief sur chaque marque.

3. Retournez la grande fleur pour avoir des plis en creux. Ouvrez les ciseaux et, avec l'une des lames, incurvez délicatement les extrémités des pétales vers le bas.

1. À l'aide des gabarits correspondants *(voir page 130)*, découpez les éléments comme représenté, sur le tapis de découpe, avec l'X-Acto ou bien des ciseaux si vous préférez.

4. Coupez un rectangle de papier bleu ciel de 5 x 2,5 cm et faites des entailles le long d'un des bords, tous les 2 mm, en vous arrêtant à 5 mm environ de l'extrémité, pour créer des franges.

5. Déposez un trait de colle liquide le long de la base de la bande de franges, puis enveloppez celle-ci autour de l'extrémité du crayon, afin que les franges dépassent du haut. Maintenez la bande en place le temps que la colle sèche.

6. Prenez la grande fleur et appliquez une fine couche de colle sur l'avant de l'un des pétales d'extrémité. Enveloppez cet élément autour du crayon, puis faites chevaucher les deux pétales d'extrémité, en alignant les bords, et appuyez pour bien coller la fleur autour du crayon. Poussez-la vers le haut jusqu'à la base de la frange.

7. Prenez l'élément cuivré et appliquez une fine couche de colle sur tout le verso. Enveloppez-le autour du crayon de manière à recouvrir la jointure entre la fleur et le crayon, en plaçant les longs triangles cuivrés au centre du dessous de chacun des pétales. Superposez les deux extrémités de l'élément cuivré et alignez les bords.

8. Prenez la première paire de feuilles et déposez une fine couche de colle au verso de l'une des feuilles ainsi que sur la bande centrale. Enroulez-la autour du crayon, puis alignez les deux formes de feuilles et appuyez-les l'une contre l'autre le temps que la colle commence à sécher. Faites de même avec l'autre paire de feuilles.

10

DÉCORATIONS FLORALES POUR GÂTEAU

Le papier coloré translucide, à base de papier chiffon ou plastifié, se décline dans une large palette de couleurs et permet des effets bluffants. Il apporte une touche élégante à ces décors pour gâteau tout en égayant votre table de fête.

IL VOUS FAUT

Feuilles A4 de papier translucide de ces teintes : **1** jaune **2** vert **3** bleu **4** blanc **5** rose
Feuilles de papier de soie de ces teintes : **6** rose **7** bleu **8** jaune
9 X-Acto **10** Tapis de découpe **11** Paire de ciseaux **12** Plioir **13** Règle métallique **14** Colle blanche liquide **15** Piques en bois

RÉALISATION

DIFFICULTÉ ● ○ ○

TECHNIQUES

1. À l'aide des gabarits correspondants *(voir page 143)*, découpez les fleurs dans le papier translucide coloré ainsi que les feuilles dans le papier translucide vert. Il vous faudra, pour chaque pique, un exemplaire de chacun des gabarits de fleurs.

2. Marquez les plis sur les feuilles. Sur le papier translucide, l'X-Acto fonctionne mieux que le stylet à embosser, mais n'appuyez la lame que très légèrement.

3. Sur chaque marque de pli, formez un pli en creux : retournez les feuilles pour travailler sur le verso (réalisez des plis en relief, de sorte qu'ils deviennent des plis en creux une fois les feuilles retournées). Pour créer un pli en relief, poussez par l'arrière avec le côté d'un doigt tout en pinçant doucement avec l'autre main de part et d'autre de la feuille. Faites de même avec chaque feuille, puis réservez ces feuilles pliées.

Perfectionnez-vous
Quand vous marquez un pli avec l'X-Acto, veillez à ne pas appuyer pour ne pas couper le papier.

4. Avec le plioir, pliez chacune des fleurs en deux puis ouvrez-les pour obtenir des plis en creux. Faites-les pivoter de 90 degrés et pliez-les de nouveau, puis dépliez pour créer un second pli en creux.

5. Retournez les fleurs afin que les plis en creux deviennent des plis en relief. Pliez-les encore en deux et dépliez-les pour former un pli en creux. Faites pivoter de 90 degrés et pliez de nouveau avant de déplier pour former un autre pli en creux. La fleur doit maintenant présenter des plis en relief et en creux alternés.

6. Appuyez sur chacune des fleurs pour rapprocher les plis en relief vers le centre et obtenir les formes représentées.

7. Découpez un rectangle de papier de soie de 8 x 4 cm pour chaque pique. Avec les ciseaux, coupez des franges d'un côté, en entaillant tous les 5 mm jusqu'à environ 7 mm de l'extrémité.

8. Appliquez un trait de colle le long de la base de ces rectangles à franges avant de les enrouler autour de l'extrémité d'une pique en bois.

9. Prenez les fleurs pliées et épointez très légèrement chacune en son centre, juste assez pour y passer la pique.

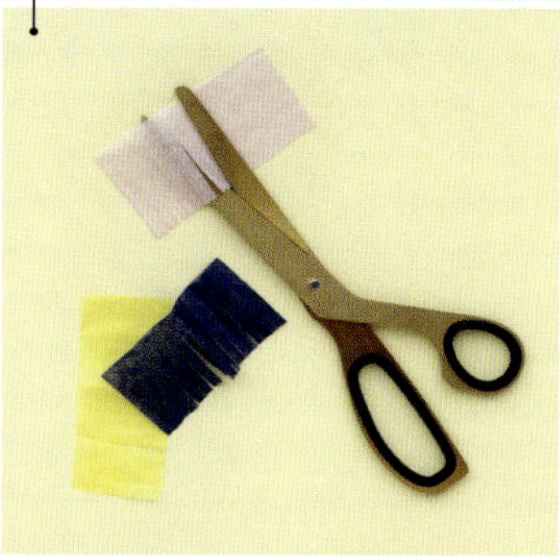

10. Prenez les fleurs aux pétales fins ainsi que les piques avec leurs franges. Déposez un trait de colle autour de la base de la bande de franges puis faites remonter la fleur par le bas de la pique jusque sur la ligne de colle.

11. Déposez un trait de colle autour de la pique, juste en dessous de la première fleur. Faites remonter une autre fleur avec de plus grands pétales par le bas de la pique, jusque sur la colle et la base de la fleur précédente.

12. Déposez une goutte de colle au centre du verso de chaque paire de feuilles et fixez-les sur la pique. Placez une ou deux paires de feuilles sur chaque pique.

11

ROSE POUR CADEAU

L'emballage des cadeaux peut être un passe-temps très gratifiant : lorsque l'on a passé du temps à choisir un présent, cela vaut la peine de l'emballer avec soin. Cette rose décorative constituera un cadeau supplémentaire, pour le plus grand plaisir du destinataire.

IL VOUS FAUT

1 Feuille A4 de papier rose poudré **2** X-Acto
3 Tapis de découpe **4** Paire de ciseaux
5 Pique en bois **6** Pistolet à colle

RÉALISATION

DIFFICULTÉ
TECHNIQUES

1. À l'aide des gabarits correspondants *(voir page 128)*, découpez les éléments comme représenté, sur le tapis de découpe, avec l'X-Acto ou bien avec des ciseaux si vous préférez.

2. Prenez l'élément en spirale. En commençant par l'extrémité extérieure, enroulez-le autour de la pique en bois. Serrez pour donner la forme, puis relâchez.

3. L'élément en spirale comporte huit pétales. En commençant par l'extrémité extérieure, ouvrez les ciseaux et incurvez délicatement le bout de chacun des pétales vers l'arrière.

Perfectionnez-vous
Avec un pistolet à colle, il faut travailler rapidement car la colle sèche vraiment très vite !

4. Coupez à main levée un cercle en papier d'environ 2 cm de diamètre. Enroulez de nouveau la spirale, en serrant bien le centre, puis, avec le pistolet à colle, déposez de la colle sur environ 1 cm de large au centre du cercle en papier. En travaillant rapidement, appuyez la spirale sur la colle et maintenez-la quelques secondes afin qu'elle garde sa forme le temps que la colle sèche.

5. Une fois la colle sèche, recoupez le cercle en papier qui dépasse autour de la base de la spirale.

6. Avec une lame de ciseaux, incurvez délicatement la pointe de chacun des pétales vers l'arrière.

7. Prenez un premier pétale. Avec le pistolet à colle, appliquez une petite quantité de colle le long d'un bord de l'entaille en remontant de la base du pétale. Avant que la colle sèche, superposez les deux bords de l'entaille pour creuser le pétale et maintenez-le quelques secondes. Faites de même avec tous les pétales restants.

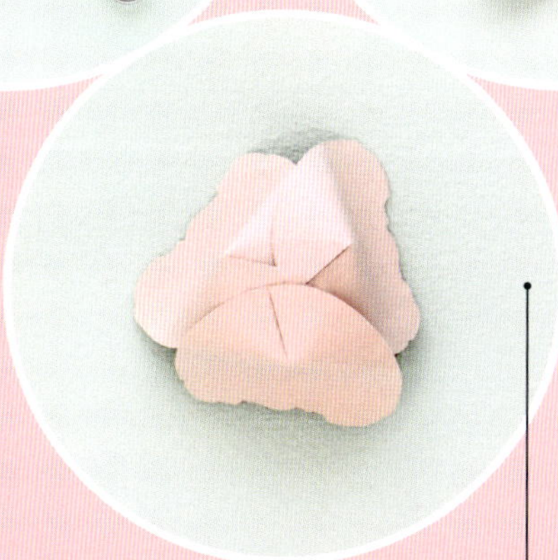

8. Triez les trois petits pétales, les trois moyens et les six grands. Commencez par les petits : posez la spirale à l'envers et, avec le pistolet à colle, déposez de la colle sur le haut de la base du premier pétale, puis retournez-le rapidement tête en bas et positionnez-le sur l'arrière de la spirale. Faites de même avec les deux autres petits pétales, en les espaçant régulièrement autour de la spirale.

9. Répétez l'étape 8, cette fois avec les trois pétales moyens, en les plaçant chaque fois entre deux petits pétales.

10. Répétez de nouveau l'étape 8 avec les grands pétales, en formant deux épaisseurs de trois pétales, chacun placé entre ceux de l'épaisseur précédente.

12

BOÎTE-SURPRISE PASTÈQUE

Jolie, sucrée, colorée, la pastèque est l'un des symboles de l'été. Cette boîte amusante est parfaite pour les fêtes estivales dans le jardin. Et comme elle est plutôt simple à confectionner, vous n'aurez pas la tête comme une pastèque…

IL VOUS FAUT

1 Feuille A4 de papier cartonné turquoise foncé **2** Feuille A4 de papier rose poudré **3** Feuille A5 de papier vert **4** X-Acto **5** Tapis de découpe **6** Paire de ciseaux **7** Stylet à embosser **8** Règle métallique **9** Plioir **10** Colle blanche liquide **11** Perforatrice **12** 30 cm de ruban

RÉALISATION

DIFFICULTÉ ●●○
TECHNIQUES

1. À l'aide des gabarits correspondants *(voir pages 132-133)*, découpez les éléments comme représenté, sur le tapis de découpe, avec l'X-Acto ou bien des ciseaux si vous préférez.

2. Avec le stylet à embosser et la règle, marquez les plis. Réalisez l'ensemble des plis en relief à l'aide du plioir.

3. Prenez un élément rose et appliquez une fine couche de colle liquide au verso de la zone principale, en évitant les languettes latérales. Appuyez l'élément sur le papier turquoise, en alignant les pointes et les bords. Faites de même avec les autres éléments roses.

Une explosion de couleurs
Remplacez le papier rose poudré par un rose vif, et le turquoise par un vert : et voilà une création aux couleurs vives ultra-fruitées !

4. Prenez un élément vert et appliquez une fine couche de colle liquide au verso de la zone principale, en évitant les languettes latérales. Appuyez un élément vert sur l'un des éléments roses, en alignant le bas des éléments. Faites de même avec les autres éléments verts.

5. Avec la perforatrice, faites un trou à 1 cm de l'extrémité de chaque pointe, en perçant à la fois l'épaisseur rose et l'épaisseur turquoise.

6. Retournez la structure et relevez les quatre faces triangulaires. Prenez le morceau de ruban et enfilez-le dans les trous comme représenté, en faisant le tour de la boîte : faites-le entrer dans le premier trou, ressortir par le deuxième, entrer dans le troisième et ressortir par le quatrième.

7. Placez un petit cadeau à l'intérieur, puis serrez le ruban et faites un nœud pour fermer la boîte.

13

VIDE-POCHES GÉOMÉTRIQUE

J'adore tout ce qui est géométrique. Ce vide-poches, avec ses motifs graphiques triangulaires, s'inscrit tout à fait dans cette tendance. Il est parfait pour ranger vos petits objets et, ainsi, désencombrer votre bureau. Il peut également servir de boîte à bijoux.

IL VOUS FAUT

1 Feuille A4 de papier cartonné fin marbré
Feuilles de papier A5 de ces teintes :
2 rose poudré **3** bleu ciel
4 bleu roi **5** gris clair **6** X-Acto
7 Tapis de découpe **8** Règle métallique
9 Paire de ciseaux **10** Stylet à embosser
11 Plioir **12** Colle blanche liquide
*Pâte à fixer, facultative (non représentée)

RÉALISATION

DIFFICULTÉ

TECHNIQUES

1. À l'aide des gabarits correspondants *(voir page 130)*, découpez la feuille de papier marbré comme représenté, sur le tapis de découpe, avec l'X-Acto et la règle métallique lorsque c'est nécessaire.

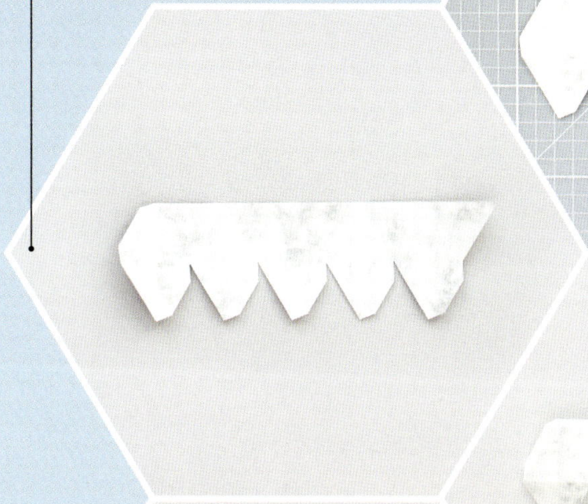

2. Avec le stylet à embosser et la règle, marquez les plis. À l'aide du plioir, réalisez des plis en relief sur chaque marque.

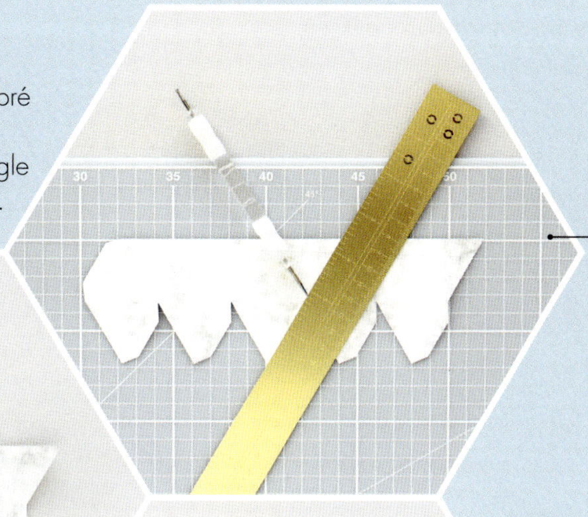

3. Posez l'élément devant vous, l'endroit sur le dessus. En bas se trouve une rangée de triangles, avec chacun une languette sur son côté droit. Appliquez une fine couche de colle sur le devant de chaque languette, avant de la fixer au verso du côté adjacent du triangle suivant. Une fois le collage effectué sur l'ensemble de la bande, appliquez de la colle sur les deux languettes d'extrémité et fixez-les au verso du côté opposé de l'élément.

4. À l'aide du gabarit, découpez trois triangles de chaque couleur. Appliquez une fine couche de colle au verso de chacun et fixez-les sur les faces extérieures de la boîte, en laissant certaines faces du papier marbré visibles. Il est utile de réfléchir au positionnement des triangles avant de commencer à les coller : vous pouvez faire des essais en les plaçant provisoirement avec de la pâte à fixer.

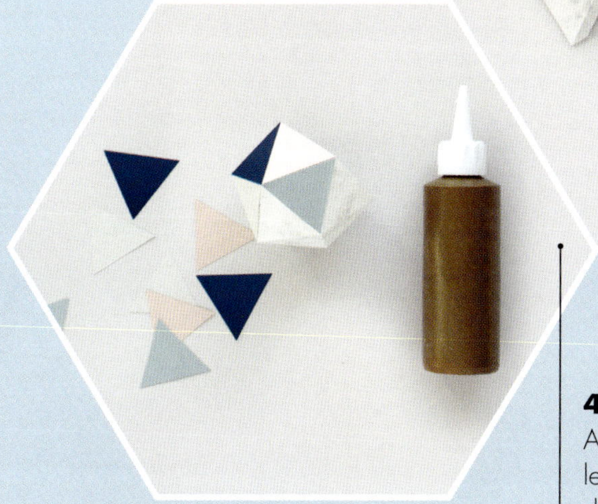

14

CARTE À FLEURS POP-UP

Les cartes pop-up ont quelque chose de magique. Je garde encore le souvenir des heures passées, lorsque j'étais petite, à réaliser une carte avec un lapin en pop-up, d'après un modèle tiré d'un livre, de ma stupéfaction quand cela fonctionna et de mon émerveillement tandis que je l'ouvrais et la refermais. Conçue pour surprendre, cette carte révèle, une fois ouverte, un magnifique bouquet de fleurs en trois dimensions. Elle fait beaucoup d'effet alors qu'elle est étonnamment simple à confectionner.

IL VOUS FAUT

Feuilles de papier A4 de ces teintes :
1 rose pastel **2** écru
3 jaune clair (3 feuilles) **4** rose poudré (2 feuilles) **5** orangé (2 feuilles)
6 Feuille A5 de papier miroir doré mono-face **7** X-Acto *Tapis de découpe (non représenté) **8** Paire de ciseaux
9 Règle métallique **10** Stylet à embosser
11 Plioir **12** Colle blanche liquide

RÉALISATION

DIFFICULTÉ ● ● ○

TECHNIQUES

1. À l'aide des gabarits correspondants *(voir pages 128-129)*, découpez les éléments comme représenté, sur le tapis de découpe, avec l'X-Acto. Préparez aussi deux morceaux de papier de 25 x 12,5 cm : un orangé et un écru. Vous pouvez utiliser des ciseaux pour couper les contours extérieurs si vous préférez.

2. Avec le stylet à embosser et la règle, marquez les plis sur l'ensemble des éléments. Avec le plioir, formez des plis en creux sur chaque marque.

3. Constituez les fleurs en superposant un grand élément pétales, un petit élément pétales et un élément étamines. Appliquez une fine couche de colle au verso des petits éléments pétales, puis fixez-les sur les grands, en alignant les plis. Une fois le collage réalisé, il doit rester une partie de grand pétale vide. Déposez un point de colle au centre de l'élément étamines et fixez-le au centre des pétales, en plaçant deux étamines sur chaque petit pétale.

Astuce

Tracez les plis et réalisez les pliages avec le plus de précision possible, pour que le pop-up fonctionne bien.

4. Appliquez une fine couche de colle sur le devant des pétales vides et fixez-les au verso du pétale adjacent, en alignant les plis pour obtenir des fleurs en trois dimensions. Faites de même pour chaque fleur.

5. Aplatissez les fleurs et disposez-les comme représenté, prêtes à assembler.

6. En travaillant de gauche à droite et en commençant par une fleur rose poudré, positionnez la fleur aplatie avec les pétales dirigés vers la gauche et appliquez un trait de colle le long de la pointe incurvée du pétale du haut. Prenez la fleur jaune en haut à gauche et tournez-la de sorte que les pointes des pétales soient éloignées de vous. Appuyez la fleur jaune sur la fleur rose, en alignant le pétale jaune de gauche sur le pétale rose du haut. Déposez un trait de colle le long de la pointe incurvée du pétale rose du bas. Prenez la fleur jaune en bas à gauche et faites-la pivoter afin que les pointes des pétales soient face à vous. Placez la fleur jaune sur la fleur rose, en alignant le pétale jaune de gauche sur le pétale rose du bas, comme représenté.

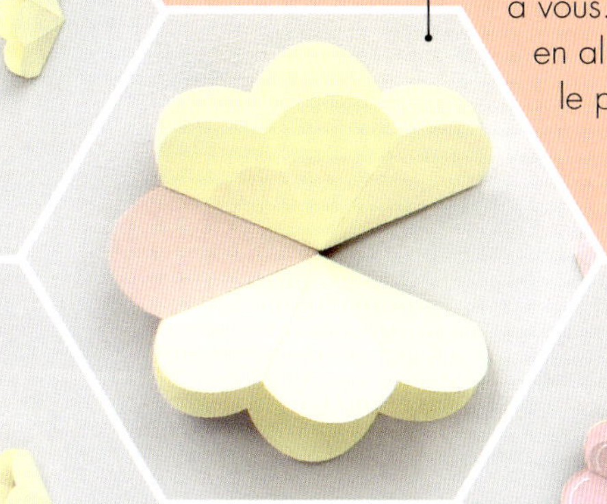

7. Prenez la fleur rose centrale et déposez un trait de colle le long du bord incurvé des trois pétales visibles, comme représenté.

8. Retournez la fleur rose et appuyez-la sur les fleurs précédemment assemblées, en alignant le pétale rose pastel central sur le pétale rose poudré central, et les pétales roses du haut et du bas sur les pétales jaunes en dessous. Appliquez un trait de colle le long du bord incurvé des pétales roses du haut et du bas.

9. Répétez la technique des étapes 6 à 8, en faisant pivoter les deux fleurs suivantes et en les alignant sur les pétales en dessous ; appuyez pour les fixer. Appliquez un trait de colle le long des bords incurvés des trois pétales de gauche, comme représenté.

10. Placez la dernière fleur jaune sur le dessus, en l'alignant sur les pétales en dessous et en appuyant pour la fixer. Pliez chacune des fleurs extérieures en deux avant de les déplier.

11. Superposez les cartes extérieures, la rose poudré sur le dessus, puis la jaune clair, l'orangée et l'écrue. Vérifiez qu'elles sont bien alignées en contrôlant à l'endroit des découpes. Assemblez ces épaisseurs à l'aide d'un trait de colle entre chacune, comme représenté.

12. Pliez les feuilles superposées en deux le long de la marque de pli réalisée à l'étape 2, recoupez les bords avec la règle métallique et l'X-Acto, sur le tapis de découpe, puis dépliez.

Personnalisez

Découpez des formes de feuilles et collez-les autour des fleurs ou bien réalisez des pétales avec des pointes de différentes formes.

13. Prenez l'assemblage de fleurs et appliquez un trait de colle le long du bord incurvé du pétale central sur chaque face de l'assemblage. Positionnez-le à l'intérieur de la carte, les pétales dirigés vers l'extérieur par rapport à la pliure, en laissant 5 à 10 mm entre les fleurs et l'extérieur de la carte.

14. Refermez la carte et appuyez délicatement le temps que la colle commence à sécher. Quand elle est sèche, vous pouvez faire fonctionner le pop-up.

15

CACHE-POT GÉOMÉTRIQUE

Ce cache-pot géométrique est le projet idéal pour s'entraîner à couper des lignes droites avec l'X-Acto. Le gabarit est conçu pour insérer un pot de 7 cm de diamètre et de 5,5 cm de hauteur, mais il est facile de modifier les proportions pour y placer des pots de toute dimension. Essayez différentes formes, comme des cercles à demi-coupés, pour créer divers motifs.

IL VOUS FAUT

1 Feuille A4 de papier rose poudré **2** Feuille A4 de papier cartonné rose foncé **3** Petit rouleau et bac à peinture **4** Peinture rouge foncé **5** X-Acto **6** Tapis de découpe **7** Règle métallique **8** Plioir **9** Colle universelle **10** Pot de fleurs à fond non percé

RÉALISATION

DIFFICULTÉ

TECHNIQUES

1. Avec le rouleau, peignez en rouge foncé une face de la feuille de papier rose poudré. Appliquez plusieurs couches fines de peinture, en laissant sécher entre chacune, afin que le papier soit uniformément recouvert.

2. À l'aide du gabarit correspondant *(voir page 140)*, découpez l'élément principal et réalisez les demi-incisions comme représenté, sur le tapis de découpe, avec l'X-Acto et la règle métallique.

3. Repliez ces découpes triangulaires sur elles-mêmes et lissez les plis avec le plioir.

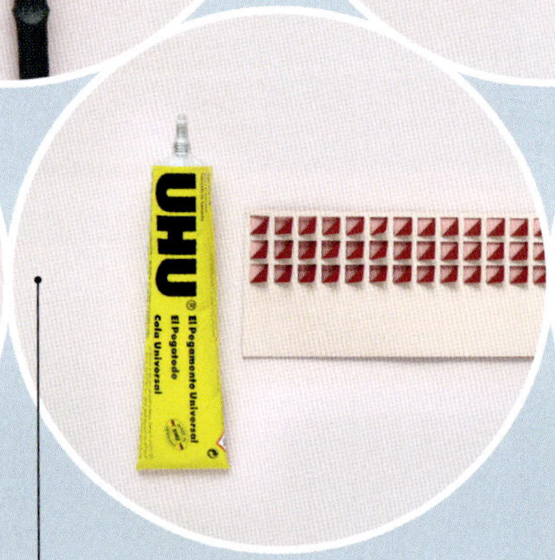

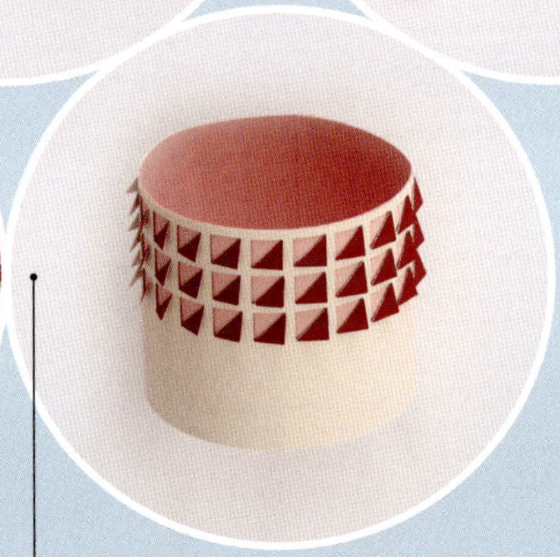

4. Découpez un rectangle de papier cartonné rose foncé de 22 x 6 cm.

5. Appliquez un trait de colle universelle le long du bord gauche au verso de l'élément rose poudré, puis posez-le sur l'élément rose foncé, en alignant les bords.

6. Collez ensemble les bords droits des deux épaisseurs, puis appliquez aussitôt (avant que la colle soit sèche) un trait de colle le long du bord avant droit de l'élément rose poudré. Formez un anneau comme représenté et appuyez le trait de colle sur le verso de l'autre extrémité.

16

ABAT-JOUR ORIGAMI

Bien qu'il ne s'agisse pas d'un origami au sens strict du terme, cet abat-jour est un excellent projet pour mettre en pratique vos talents en matière de pliage. Une fois les plis en creux et en relief maîtrisés, la réalisation est relativement simple. Vous vous surprendrez peut-être à confectionner des abat-jour sur-mesure pour toutes les pièces de votre maison !

IL VOUS FAUT

1 3 feuilles A3 de papier cartonné fin marbré **2** Tapis de découpe **3** Règle métallique **4** Stylet à embosser **5** Plioir **6** Crayon **7** Gomme **8** Paire de ciseaux **9** Colle blanche liquide **10** Agrafeuse **11** Pastilles Velcro® **12** Support pour éclairage plafonnier *Ampoule à LED (non représentée)

Avertissement
Pour des raisons de sécurité, n'utilisez qu'une ampoule à LED.

1001BEERS
YOU MUST TASTE BEFORE YOU DIE
1001
FOODS

RÉALISATION

DIFFICULTÉ ●●○

TECHNIQUES

1. Posez la première feuille de papier marbré à l'horizontale sur le tapis de découpe. Avec la règle et le stylet à embosser, tracez une marque verticale à 1 cm du bord droit.

2. Mesurez puis tracez sept marques verticales de manière à diviser en huit parties égales la longueur restant entre le bord gauche de la feuille et la marque de l'étape 1. Avec le plioir, formez un pli en creux sur chaque marque, puis dépliez la feuille.

3. Mesurez 22 cm à partir du haut des premier, troisième, cinquième et septième plis et tracez un léger repère au crayon. Avec la règle et le stylet à embosser, tracez des marques reliant chacun des repères au haut et au bas des pliures, de part et d'autre. Effacez les repères.

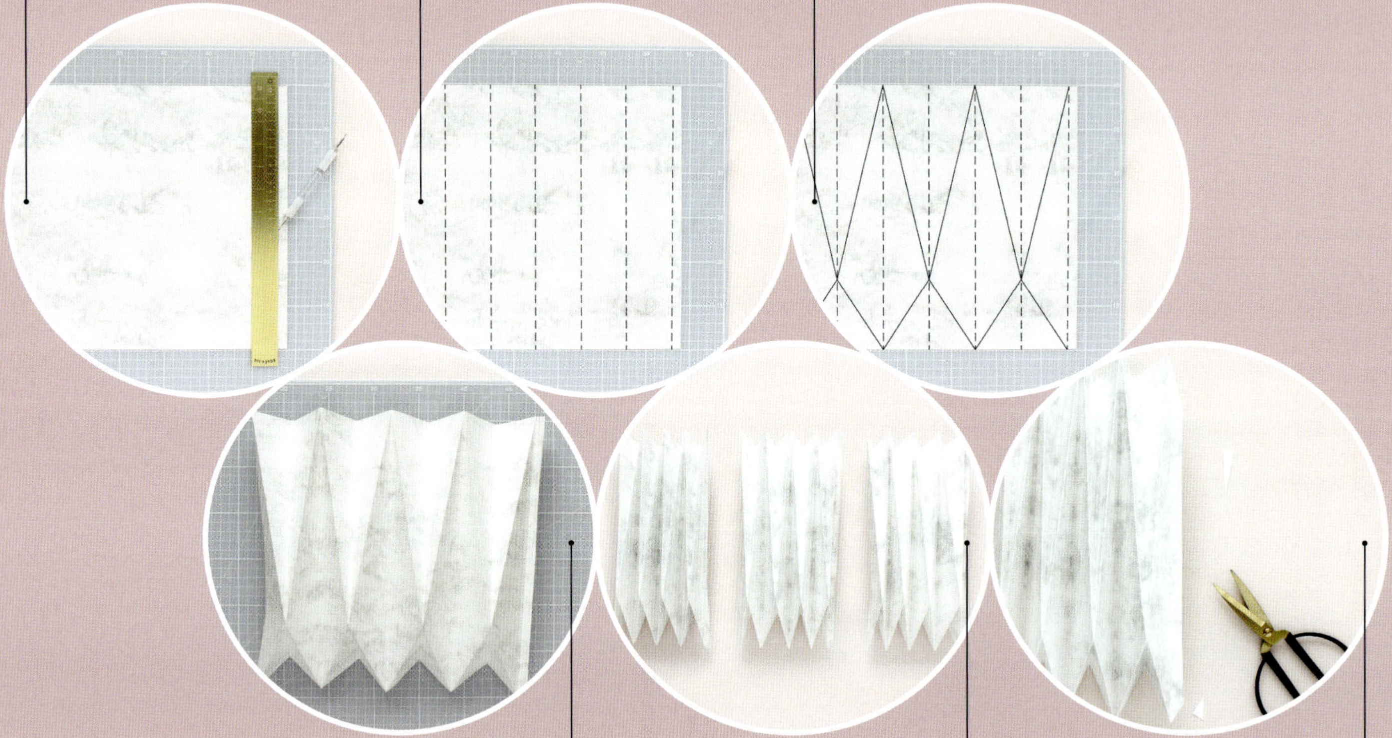

4. Sur chacune des marques tracées à l'étape 3, formez des plis en relief. La feuille doit avoir la forme représentée.

5. Répétez les étapes 1 à 4 avec les deux autres feuilles cartonnées.

6. Avec les ciseaux, coupez les coins supérieur et inférieur de la bande de 1 cm à droite de chaque feuille pour former des languettes. Faites en sorte que ces angles soient symétriques à l'angle de la pliure adjacente.

7. Aplatissez chacune des feuilles et placez-les sur le côté. Avec les ciseaux, coupez toutes les épaisseurs à l'endroit indiqué, en commençant à environ 3 cm en dessous de la fin du pli et en vous arrêtant à la pointe supérieure.

8. Collez les trois feuilles bout à bout : appliquez une fine couche de colle liquide sur l'avant de la languette, le long du bord droit de la première feuille, puis fixez-la derrière le bord gauche de la feuille suivante, en alignant les bords supérieur et inférieur.

9. Coupez le long du deuxième pli en relief à partir de l'extrémité droite, comme représenté. Jetez le petit morceau de papier.

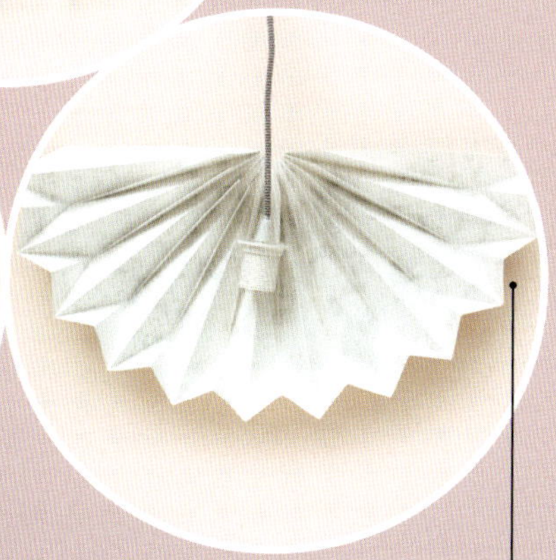

10. Retournez votre réalisation, le haut en bas. Vous remarquez des plis triangulaires saillants. Le long du bord supérieur de la construction, utilisez une agrafeuse pour assembler les deux épaisseurs de chacun des plis triangulaires, aussi près de la base que possible.

11. Remettez la construction dans le bon sens, puis posez-la debout pour lui donner la forme d'un abat-jour. Fixez dix pastilles Velcro® sur l'ouverture, la moitié sur l'arrière du bord coupé et l'autre sur l'avant du bord non coupé, en alignant les paires.

12. Enveloppez l'abat-jour autour du fil de la lampe, fermez-le à l'aide des pastilles Velcro® puis fixez une ampoule à LED.

17

GUIRLANDE DE PIERRES PRÉCIEUSES

Ce véritable bijou sera parfait pour une fête, mais il peut aussi apporter une note colorée et graphique à votre intérieur tout le reste de l'année. J'ai choisi des couleurs de pierres précieuses, mais vous pouvez opter pour les teintes du thème de votre mariage, par exemple, afin de créer une décoration amusante pour le grand jour, ou bien associer des couleurs de Noël et placer cette guirlande dans votre sapin ou sur votre cheminée.

IL VOUS FAUT

Feuilles de papier A4 de ces teintes : **1** menthe **2** rouge foncé **3** turquoise foncé **4** rose poudré **5** Feuille A4 de papier métallisé cuivré **6** Feuille A4 de papier rose doré nacré **7** X-Acto **8** Tapis de découpe **9** Paire de ciseaux **10** Stylet à embosser **11** Règle métallique *Plioir (non représenté) **12** Colle blanche liquide **13** Aiguille à tapisserie **14** Perles à écraser **15** 170 cm de fil de pêche **16** Pince à bec plat

RÉALISATION

DIFFICULTÉ ● ● ○
TECHNIQUES ✂ --- ◺

1. À l'aide des gabarits correspondants *(voir page 127)*, découpez les trois formes dans la combinaison de couleurs de votre choix, avec l'X-Acto (ou des ciseaux si vous préférez), sur le tapis de découpe.

2. Avec le stylet à embosser et la règle, marquez les plis. À l'aide du plioir, formez sur chaque marque un pli en relief.

3. Chaque gabarit comporte une face sans languette, qui est indiquée. Il faut assembler partiellement chacune des formes, sans coller la face sans languette. Pour cela, collez chaque languette au verso de la face adjacente, sauf si celle-ci n'a pas de languette. La face sans languette doit rester ouverte.

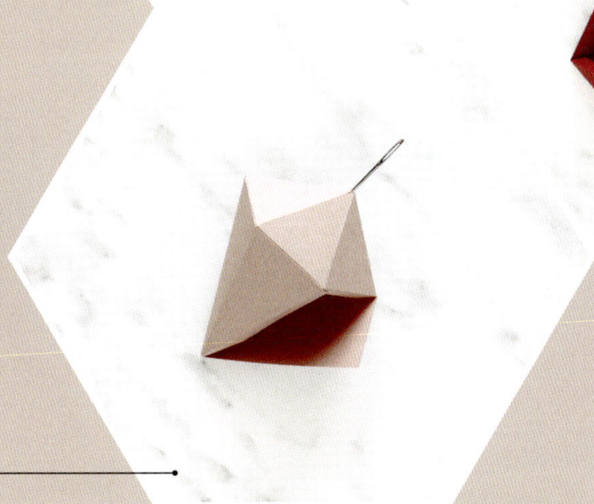

4. Avec l'aiguille à tapisserie, percez un trou dans une pointe de la construction, à l'extrémité opposée de l'une des pointes du côté ouvert.

5. Enfilez une perle à écraser sur le fil de pêche et maintenez-la à 25 cm de l'extrémité. Avec la pince à bec plat, pincez-la pour la fermer. Après avoir fixé la perle à écraser, tirez un peu dessus avec les doigts pour vérifier qu'elle tient bien.

6. Prenez la première forme. Enfilez la longue extrémité du fil de pêche dans le trou que vous avez percé et ressortez-le par la face ouverte. Positionnez la forme afin que le fil entre par le trou et ressorte par la pointe opposée.

7. Appliquez de la colle sur les languettes autour de la face ouverte et appuyez cette face sur ces languettes pour refermer la construction. Faites-la glisser sur toute la longueur du fil de pêche, jusqu'à la perle. Répétez les étapes 6 et 7 avec les autres formes, en les poussant chaque fois jusqu'à la forme précédente.

8. Une fois toutes les formes sur le fil de pêche, vérifiez qu'elles sont bien accolées, puis enfilez une perle à écraser et, avec la pince, serrez-la pour la fixer à 5 mm de l'extrémité de la dernière forme.

OR SHALL WE HAVE
OUR TEA FIRST?
PETER PAN
you can.
BE THE REASON SOMEONE SMILES TODAY.
DIFFICULT ROADS OFTEN LEAD TO BEAUTIFUL
CHOOSE KINDNESS

18

PLANTE EN PAPIER

Il arrive que, malgré tous nos efforts, il soit difficile de conserver une plante en bonne santé. Si, comme moi, vous n'avez pas toujours la main verte, invitez un peu de verdure dans votre intérieur grâce à cette plante en papier, qui n'exige aucun entretien. Celle-ci est une reproduction d'une *Maranta* que j'ai eue à une époque, que j'adorais (et que je parvenais à garder en vie !) mais que j'ai malheureusement dû confier à un ami lorsque j'ai déménagé.

IL VOUS FAUT

2 feuilles de papier A4 de ces teintes : **1** vert **2** rose **3** Feuille A4 de papier cartonné fin marbré **4** Feuille A5 de papier beige **5** X-Acto **6** Tapis de découpe **7** Paire de ciseaux **8** Stylet à embosser **9** Règle métallique **10** Plioir **11** Pinceau **12** Peinture acrylique rose clair **13** Gros crayon (ou autre objet cylindrique de diamètre équivalent) **14** 12 morceaux de 30 cm de fil de fer vert **15** Colle blanche liquide **16** Pince coupante **17** Ruban adhésif de fleuriste **18** Compas **19** Mousse adhésive double-face

RÉALISATION

DIFFICULTÉ ● ● ○

TECHNIQUES

1. À l'aide des gabarits correspondants *(voir page 133)*, découpez chacun des éléments avec l'X-Acto (ou des ciseaux si vous préférez), sur le tapis de découpe.

2. Avec le stylet à embosser et la règle, marquez les plis. À l'aide du plioir, formez des plis en creux sur chacune des marques.

3. À petites touches, peignez le motif rose clair sur les feuilles vertes, en le formant comme représenté, puis laissez sécher.

4. Prenez les feuilles une à une et enroulez chacun des côtés parallèlement à la pliure autour du gros crayon de manière à incurver les bords vers l'arrière. Faites de même pour toutes les feuilles, les roses et les vertes.

5. Prenez un premier morceau de fil de fer et déposez un trait de colle liquide en descendant d'une extrémité, sur 2 cm. Fixez-le à une feuille rose, sur le creux du pli, de sorte que le fil de fer recouvre environ 2 cm de la pliure à la base de la feuille (son côté le plus large). Faites de même avec les feuilles roses restantes.

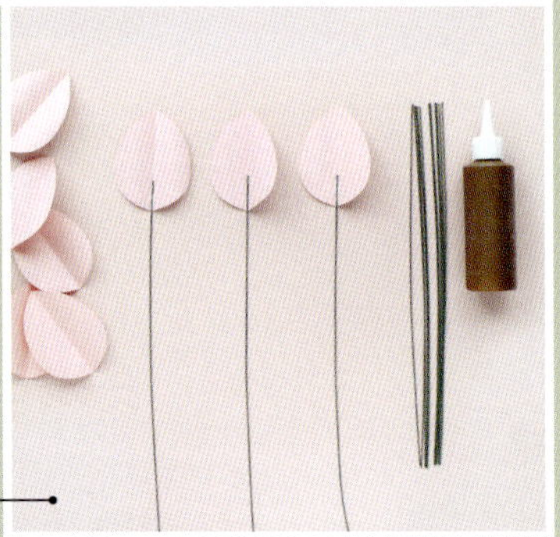

6. Prenez une feuille peinte et appliquez une fine couche de colle sur tout le verso. Posez-la sur une feuille rose en prenant le fil de fer entre les deux, et en alignant le bord des feuilles. Faites de même pour toutes les feuilles restantes.

7. Prenez trois feuilles à tige parmi les douze. Avec une pince coupante, recoupez le fil de fer afin d'obtenir des tiges de 19 cm de longueur.

8. Prenez six feuilles à tige parmi les neuf restantes et recoupez les tiges à 15 cm. Vous obtenez trois feuilles dont vous n'aurez pas recoupé les tiges, trois de 19 cm et six de 15 cm.

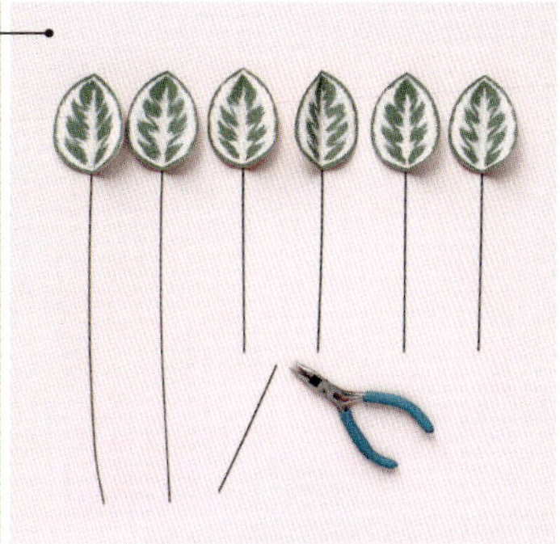

9. Prenez les trois feuilles aux tiges les plus longues. Avec les doigts, incurvez délicatement les tiges sur 8 cm juste en dessous de la feuille. Puis, avec le ruban adhésif de fleuriste, enveloppez les trois tiges ensemble, en commençant à 8 cm du haut des fils de fer et en arrêtant à 2,5 cm du bas. Avec une pince, courbez les extrémités inférieures à angle droit juste sous le ruban adhésif, en les dirigeant vers l'extérieur dans des directions différentes.

10. Prenez les trois feuilles à tige moyenne. Incurvez-les également sur 8 cm juste sous la feuille. Positionnez-les autour des fils de fer attachés à l'étape 9, une entre chacun, les extrémités en bas de la partie enveloppée d'adhésif. Avec du ruban adhésif de fleuriste, enveloppez les fils de fer par-dessus la zone déjà recouverte à l'étape 9.

11. Faites de même avec les six feuilles restantes, en incurvant les fils de fer sur 8 cm sous les feuilles. Puis, tout en maintenant les tiges autour des fils de fer enveloppés, fixez-les avec de l'adhésif par-dessus la zone déjà enveloppée.

12. Avec le compas, tracez deux cercles de 5 cm de diamètre sur le papier marbré, puis découpez-les.

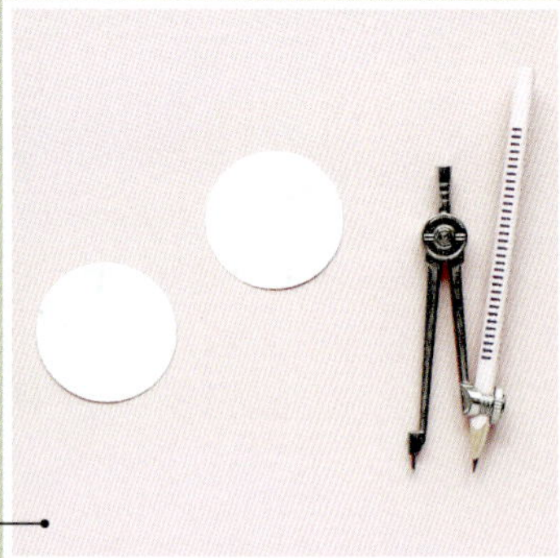

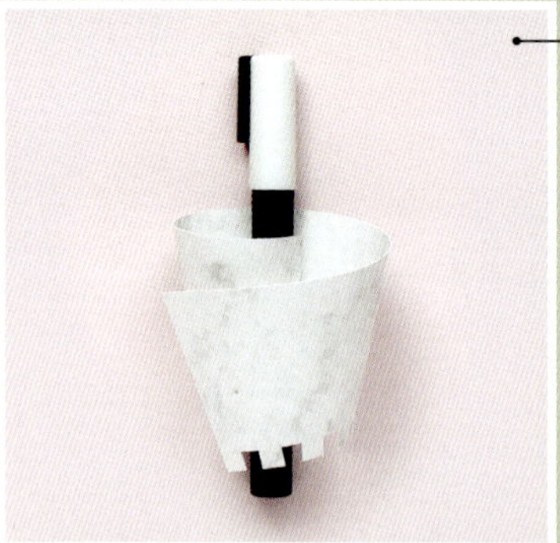

13. Enroulez le grand élément marbré destiné à former le pot autour du gros crayon, puis relâchez pour l'incurver légèrement.

14. Pliez les petites languettes carrées à angle droit vers l'intérieur, puis retournez l'élément, les languettes en haut. Appliquez de la colle sur l'intérieur de la première languette et fixez-la sur l'un des cercles, comme représenté, la languette sur le dessus du cercle. Maintenez-la en place le temps que la colle sèche.

15. Appliquez de la colle sur l'intérieur des autres languettes et déposez un trait le long de l'intérieur du bord droit de l'extrémité encore non fixée. En travaillant rapidement avant que la colle sèche et en commençant par la première languette collée, appuyez chacune des languettes sur le cercle, en essayant d'éviter qu'il reste un interstice entre les deux éléments. Une fois tout le pourtour collé, faites chevaucher les extrémités en fixant le bord encollé. Notez que la forme de l'objet fait que la superposition sera légèrement plus importante du côté de l'ouverture du pot qu'à sa base.

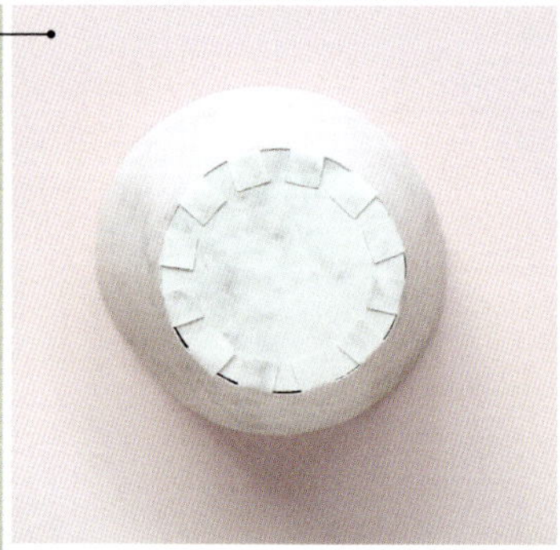

16. Appliquez une fine couche de colle au verso du second cercle et appuyez-le sur le fond du pot pour dissimuler les languettes.

17. Découpez dix carrés de mousse double face de 5 x 5 mm et collez-les à intervalles réguliers tout autour du bord supérieur du pot, au ras du bord, sur l'extérieur.

18. Enveloppez la bande incurvée de papier marbré autour du haut du pot, en alignant le bord inférieur de la bande sur le bord inférieur des carrés de mousse, en appuyant sur ces derniers pour fixer la bande. Quand la bande est collée sur tout le pourtour, appliquez de la colle sur la partie qui chevauche l'extrémité et fixez-la.

19. Prenez le papier beige. Avec le compas, tracez un cercle de 8 cm ainsi qu'un cercle de 5 mm au centre. Découpez les deux cercles.

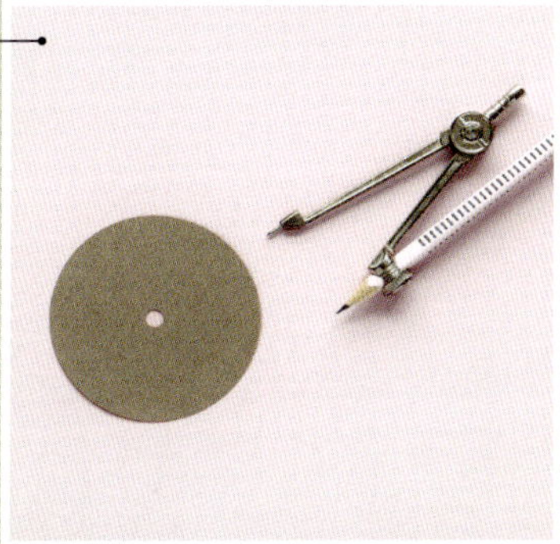

20. Prenez la tige de la plante et redressez les trois extrémités pliées. Insérez la tige dans le trou central du cercle beige, puis avec la pince repliez les trois extrémités à angle droit.

21. Appliquez de la colle sur l'intérieur du fond du pot, ainsi que sur le pourtour inférieur du cercle beige. Placez la plante dans son pot, en appuyant sur les fils de fer pour les coller sur le fond, ainsi que sur le pourtour du cercle beige.

19

PETITS RANGEMENTS DE BUREAU CACTUS

J'adore les cactus, pour leur longévité mais surtout pour leurs superbes formes géométriques. Ce petit cactus en papier apportera un peu de nature sur votre bureau, et son support pourra être utilisé comme petite boîte de rangement.

IL VOUS FAUT

1 2 feuilles A4 de papier cartonné doré **2** Feuille A4 de papier vert **3** Feuille A5 de papier cartonné rose poudré **4** Feuille A4 de papier cartonné rose **5** X-Acto **6** Tapis de découpe **7** Paire de ciseaux **8** Stylet à embosser **9** Règle métallique **10** Plioir **11** Crayon **12** Colle blanche liquide **13** Attache parisienne *Perforatrice (non représentée) **14** Pince **15** Pique en bois

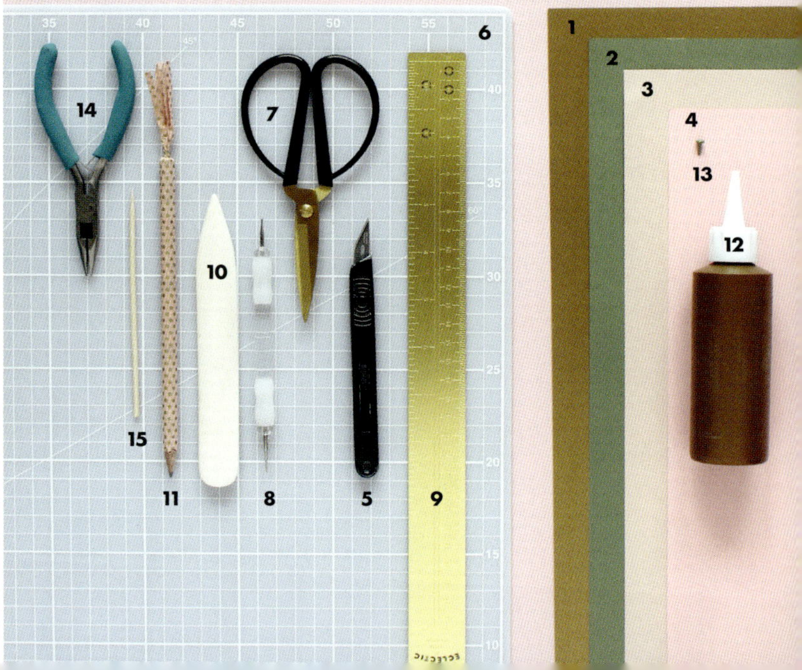

RÉALISATION

DIFFICULTÉ ● ● ○

TECHNIQUES

1. À l'aide des gabarits correspondants *(voir pages 138-139)*, découpez chacun des éléments comme représenté, sur le tapis de découpe, avec l'X-Acto (ou des ciseaux si vous préférez).

2. Avec le stylet à embosser et la règle, marquez les plis. À l'aide du plioir, formez un pli en relief sur chacune des marques. Relevez également les piquants du cactus vers le haut après avoir marqué les plis.

3. Découpez une bande de 21 x 2 cm dans le papier cartonné doré. Mesurez puis tracez six marques de pli verticales régulièrement espacées de façon à diviser la bande en sept parties égales de 3 cm. Pliez le long des marques.

4. Prenez le grand élément rose. Positionnez la partie hexagonale à plat sur la table et les rectangles relevés à angle droit. Appliquez de la colle liquide sur le verso de la bande dorée et enveloppez-la autour des faces relevées de l'élément rose. Superposez les extrémités de la bande dorée en les collant l'une sur l'autre.

5. Découpez un rectangle de 21 x 8 cm de papier cartonné doré, puis mesurez et tracez six marques de pli verticales, tous les 3 cm. Découpez un rectangle de 20,3 x 8 cm dans le papier cartonné rose, puis mesurez et tracez six marques de pli verticales, tous les 2,9 cm. Réalisez les plis sur chacune des marques.

6. Appliquez une fine couche de colle liquide au verso d'une des sections d'extrémité du rectangle rose, puis superposez-la sur la section de l'autre extrémité, en alignant les bords. Prenez l'un des éléments hexagonaux dorés avec des languettes biseautées. Appliquez de la colle sur l'intérieur des languettes et fixez l'élément à une extrémité du tube hexagonal rose, une languette à l'extérieur de chaque face du tube.

7. Prenez le rectangle doré découpé à l'étape 5, appliquez une fine couche de colle sur tout le verso et enveloppez-le autour du tube hexagonal rose, en superposant les sections d'extrémité du rectangle doré et en alignant les bords.

Préparation

Préparez les rectangles avec le plus de précision possible. Mesurez leur longueur en plusieurs endroits et tracez les repères avec un crayon bien taillé, puis reliez-les à la règle.

8. Découpez un rectangle de 21 x 4,5 cm de papier cartonné doré, puis mesurez et tracez six marques de pli verticales, tous les 3 cm. Coupez un autre rectangle de papier cartonné doré de 22,4 x 6 cm, puis mesurez et tracez six marques de pli verticales, tous les 3,2 cm. Pliez sur chacune des marques.

9. Prenez le petit rectangle coupé à l'étape 8 ainsi que l'élément hexagonal doré restant, avec les languettes biseautées. Cette fois, appliquez de la colle sur l'extérieur des languettes et enveloppez le rectangle tout autour, en fixant une languette sur l'intérieur du bord inférieur de chacune des faces. Superposez et collez les sections d'extrémité du rectangle doré, en alignant les bords.

10. Prenez le rectangle restant de l'étape 8 ainsi que l'hexagone doré avec les languettes rectangulaires. Appliquez de la colle sur l'extérieur des languettes et positionnez l'élément de sorte que l'extrémité des languettes soit alignée sur le bord supérieur du rectangle. Enveloppez le rectangle tout autour, en alignant les languettes sur le haut, puis superposez les extrémités et collez-les.

Perfectionnez-vous
Passer l'attache parisienne dans les différentes sections peut s'avérer délicat, mais en utilisant une pince vous verrez mieux ce que vous faites.

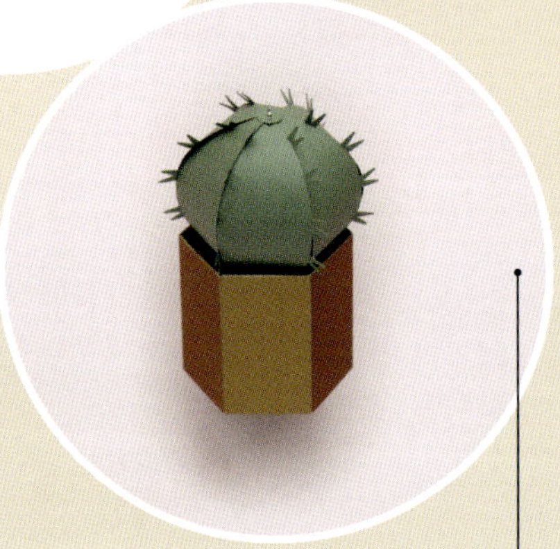

11. Retournez l'élément vert, de façon à avoir des plis creux sur le dessus. Avec la perforatrice, percez un trou dans chacun des petits cercles. Incurvez une section de l'élément vers le haut, sur elle-même, puis passez une attache parisienne dans le petit trou, de bas en haut. Relevez la section adjacente au bord lisse de la première, et non au côté avec les piquants. Faites le tour de la construction dans cette direction, en relevant chaque section et en l'ajoutant sur l'attache. Si besoin, aidez-vous en tenant l'extrémité de l'attache parisienne avec une pince.

12. Pour placer la dernière section, saisissez le haut de l'attache parisienne et poussez-la vers le bas avec les épaisseurs de papier qu'elle contient, pour former un espace entre les faces du cactus. Passez délicatement un doigt dans l'un des espaces, poussez le bas de l'attache vers le haut puis ouvrez-la et aplatissez ses pattes sur le dessus.

13. Appliquez une fine couche de colle sur la base du cactus, puis appuyez-le au centre de la construction dorée collée à l'étape 10.

14. Prenez les fleurs et enroulez chaque pétale autour d'une pique en bois. Collez-les ensuite les unes sur les autres, en plaçant chaque épaisseur en quinconce par rapport à la précédente. Placez les deux grandes fleurs en dessous et les deux petites dessus. Collez la fleur obtenue au sommet du cactus, en dissimulant les pattes de l'attache parisienne.

15. Posez ce couvercle cactus sur la base dorée collée à l'étape 10 pour créer une boîte. Disposez le pot à crayons et la coupelle à côté.

20
PAVOT GÉANT

La floraison des pavots est un spectacle qui m'émerveille toujours autant. Pour imiter la texture délicate des pétales de cette grande fleur particulièrement esthétique, j'utilise du papier crépon.

IL VOUS FAUT

1 Feuille A3 de papier cartonné fin vert **2** Feuille A3 de papier noir **3** Rouleau de papier crépon épais rose **4** Rouleau de papier crépon fin noir **5** X-Acto **6** Tapis de découpe **7** Paire de ciseaux **8** Stylet à embosser **9** Règle métallique **10** Colle blanche liquide **11** 3 morceaux de 30 cm de fil de fer vert **12** Peinture acrylique noire **13** Pinceau **14** Boule de polystyrène de 6 cm de diamètre **15** Baguette ronde en bois de 25 mm de diamètre **16** Pistolet à colle **17** Ruban adhésif de fleuriste

RÉALISATION

DIFFICULTÉ

TECHNIQUES

1. À l'aide des gabarits correspondants *(voir pages 142-143)*, découpez trois formes de feuilles et deux éléments étamines avec l'X-Acto (ou des ciseaux si vous préférez), sur le tapis de découpe.

2. Avec le stylet à embosser et la règle, marquez les plis, puis formez un pli en creux sur chaque marque en retournant les feuilles et en réalisant des plis en relief sur le verso. Pliez d'abord le centre, puis dépliez. Pour les plis arrondis, poussez par l'arrière avec le côté du doigt et, avec l'autre main, serrez délicatement les deux côtés de la feuille pour former un pli en relief. Faites de même sur toutes les marques de pli, puisremettez les feuilles à l'endroit, de façon à voir les plis en creux.

3. Déposez un trait de colle liquide au centre de chaque feuille, puis posez un morceau de fil de fer sur la colle, en alignant l'extrémité du fil de fer sur le sommet de la feuille. Laissez séchez. Incurvez le fil de fer (ainsi que la feuille en papier) comme représenté.

4. Avec les ciseaux, dans le papier crépon rose, découpez à main levée six pétales en forme de goutte d'eau, ayant tous à peu près la même forme, d'environ 20 cm de large et 25 cm de haut. Coupez dans la longueur du papier, afin que les petits plis du papier crépon soient dirigés dans la longueur des pétales. Aidez-vous en coupant d'abord un rectangle de 20 x 25 cm, puis pliez-le en deux et découpez une demi-forme de pétale avant de déplier pour obtenir le pétale entier.

5. Peignez les motifs sur chaque pétale avec de la peinture acrylique, par touches amples. Si le papier crépon est trop humidifié, il s'étire et se déforme, aussi veillez à ce qu'il reste le plus sec possible, en ne mettant qu'une petite quantité de peinture sur le pinceau et en faisant plusieurs passages. Laissez sécher.

6. Étirez légèrement le papier crépon au centre et le long du bord supérieur des pétales : pour cela, tenez le pétale avec les pouces au centre, là où vous avez appliqué la peinture, et tirez doucement le papier vers l'extérieur pour creuser le pétale. Pour façonner le bord supérieur du pétale, tirez légèrement avec les doigts sur les côtés afin d'étirer le papier crépon et d'onduler le bord.

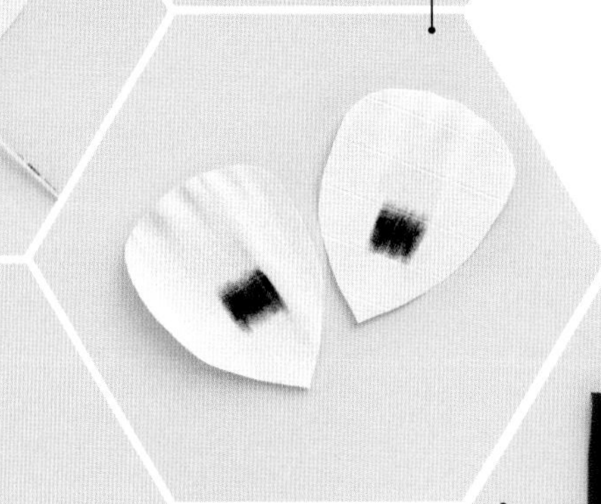

Variantes
Avec d'autres coloris de papier crépon, réalisez un coquelicot rouge vif ou une élégante anémone blanche.

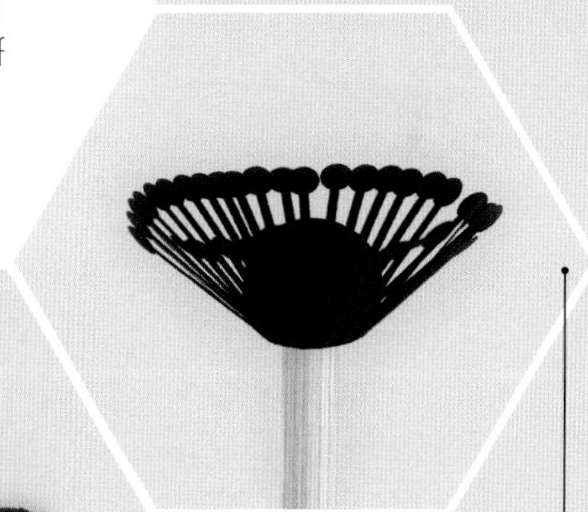

7. Avec l'X-Acto, retirez une petite « tranche » de la boule de polystyrène. Cette face plate sera sa face inférieure. Coupez un morceau de papier crépon noir suffisamment grand pour envelopper la boule. Déposez des points de colle liquide sur le papier crépon avant de tendre celui-ci autour de la boule, en rassemblant l'excédent de papier sur la face plane.

8. Prenez la baguette en bois, deux éléments d'étamine noirs ainsi que la boule recouverte. Redressez chacune des étamines en partant du cercle central puis, avec de la colle liquide, fixez les éléments étamines l'un sur l'autre, les étamines de l'épaisseur du dessus entre deux étamines de l'épaisseur du dessous. Avec le pistolet à colle, fixez la boule de polystyrène au centre des étamines, puis l'ensemble au sommet de la baguette en bois.

9. Tenez la baguette tête en bas. Prenez les trois premiers pétales et, avec le pistolet à colle, déposez de la colle à la base de chacun. Fixez-les à la baguette, régulièrement espacés autour des étamines.

10. Répétez l'étape 9 avec les trois derniers pétales, en les plaçant en quinconce sur la rangée précédente. Une fois les pétales fixés à leur base, collez aussi les côtés des pétales sur le verso de ceux que vous avez collés à l'étape 9, pour solidifier la fleur et éviter que les pétales s'affaissent.

11. Enveloppez les 10 cm supérieurs de la baguette avec du ruban adhésif de fleuriste, en l'étirant tout en le déroulant.

Idée déco
Fabriquez plusieurs fleurs sans tige et accrochez-les au mur pour créer une déco originale.

12. Avec le pistolet à colle, fixez les trois feuilles à la baguette en bas de la partie enveloppée d'adhésif vert, en variant légèrement les hauteurs. Continuez d'envelopper la baguette d'adhésif, en passant par-dessus la base des feuilles et en allant jusqu'en bas de la baguette.

21

GUIRLANDE DE FLEURS

Sans fleurs, ma maison me semble moins accueillante. Mais celles-ci sont coûteuses et ne durent que quelques jours. Cette guirlande aux teintes vives sera parfaite pour apporter chaque jour la couleur et la beauté d'un décor floral à votre intérieur.

IL VOUS FAUT

Feuilles de papier A5 de ces teintes : **1** orange clair **2** orange foncé **3** rose poudré **4** jaune vif **5** 2 feuilles A4 de papier vert **6** X-Acto **7** Tapis de découpe **8** Paire de ciseaux **9** Stylet à embosser **10** Règle métallique **11** Colle blanche liquide **12** 1 m de ruban gros-grain **13** Pistolet à colle

RÉALISATION

DIFFICULTÉ

TECHNIQUES

1. À l'aide des gabarits correspondants *(voir page 140)*, découpez les éléments représentés, sur le tapis de découpe, avec l'X-Acto (ou des ciseaux si vous préférez).

2. Avec le stylet à embosser et la règle, marquez les plis. Puis retournez les feuilles et formez des plis en relief sur chaque marque à l'aide du plioir, de façon à obtenir des plis en creux sur l'endroit. Travaillez sur les feuilles l'une après l'autre. Avec le côté du doigt, poussez par l'arrière et, avec l'autre main, appuyez délicatement de part et d'autre de la feuille pour former le pli en relief. Faites de même pour toutes les feuilles puis mettez-les de côté.

3. Prenez les tiges vertes, les boutons ainsi que les petites fleurs. Sur les tiges, appliquez un peu de colle liquide le long du bord avant de chacune des extrémités en V, puis appuyez deux boutons et une fleur sur les zones encollées. Prenez une autre tige et appliquez une fine couche de colle sur tout le verso avant de la poser sur les éléments que vous venez de placer, de manière à prendre les boutons et la fleur entre les deux épaisseurs de papier vert. Alignez les bords avant que la colle sèche.

4. Découpez deux carrés de 4 x 4 cm de chaque couleur sauf le vert, puis coupez des franges aux ciseaux le long d'un bord. Faites pour cela des entailles rapprochées jusqu'à environ 7 mm de l'extrémité.

5. Prenez les éléments à franges et le ruban. Avec le pistolet à colle, déposez un trait de colle le long de la base de la première bande de franges avant de l'envelopper bien serré autour du ruban, à environ 20 cm d'une extrémité. Faites de même avec les autres franges, en laissant un espace d'environ 9 cm entre chaque élément.

6. Fixez les grandes fleurs à la guirlande : prenez la première et appliquez une fine couche de colle liquide sur le devant du pétale d'extrémité et un trait autour de la base de la première frange. Enveloppez la fleur autour du ruban sous la frange, superposez les deux pétales d'extrémité, alignez les bords et appuyez le temps que la colle sèche, en faisant remonter la fleur sur la colle autour de la frange.

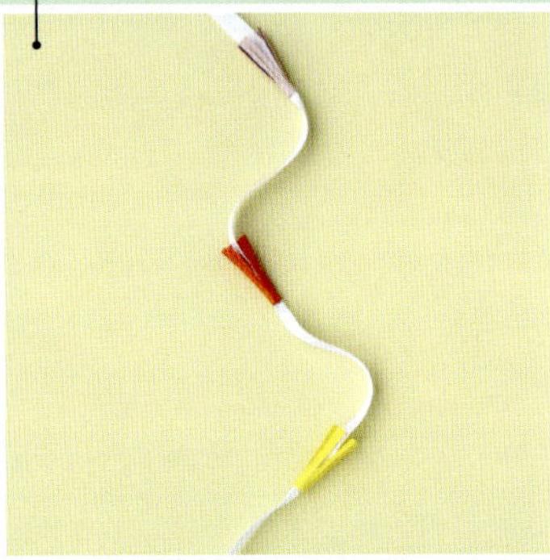

Personnalisez

Choisissez un ruban de la même couleur que votre mur, afin que ce soient les fleurs que l'on remarque.

Variantes

Pour réaliser une guirlande plus simple, n'utilisez que les grandes fleurs et les cœurs à franges.

Les gabarits des grandes fleurs peuvent aussi servir à créer des fleurs sur tige : fabriquez simplement le cœur à franges et enveloppez-le autour d'un morceau de fil de fer vert, puis collez la fleur en dessous avant d'entourer le fil de fer de ruban adhésif de fleuriste, en ajoutant des feuilles si vous le souhaitez.

7. Prenez les grandes feuilles et les tiges. Avec le pistolet à colle, fixez l'extrémité de chaque élément sur le ruban, en biais comme représenté et en plaçant une feuille et une tige entre chaque fleur.

8. Avec le pistolet à colle, fixez les petites feuilles à la guirlande de façon à dissimuler l'extrémité des feuilles et des tiges.

22

LUSTRE EN PAPIER *PAJAKI*

Ce projet s'inspire d'un art traditionnel polonais appelé *pajaki*, qui consiste à réaliser des suspensions rappelant les lustres en cristal. Ces décorations, dont le nom signifie littéralement « araignées de paille », étaient à l'origine confectionnées avec du roseau, du papier, de la laine et du ruban ; elles égayaient les maisons en hiver. Mon interprétation de cette structure colorée est une combinaison de guirlandes et de sphères en papier, avec des glands en papier de soie. Elle fera un superbe accessoire de fête ou ajoutera une touche de couleur à votre intérieur toute l'année durant.

IL VOUS FAUT

1 7 feuilles A4 de papier bleu marine
2 Morceau de carton gris A5
2 feuilles A4 de papier de ces teintes :
3 bleu vif **4** rose poudré Feuilles de papier de soie de ces teintes : *bleu *rose poudré (non représentées)
5 cercle à broder en bois de 30,5 cm de diamètre (le cercle intérieur seulement) **6** Peinture bleu marine
7 Pinceau **8** Papier brouillon **9** Crayon
10 Paire de ciseaux **11** X-Acto **12** Tapis de découpe
13 Règle métallique **14** Plioir **15** Pistolet à colle
16 Machine à coudre **17** Fil bleu vif
18 Fil rose poudré **19** Masking tape doré
20 8 sphères en papier bleu de 5 cm de diamètre

RÉALISATION

DIFFICULTÉ ●●●
TECHNIQUES

1. Peignez le cercle à broder avec la peinture bleu marine et laissez sécher. Posez le cercle sur la feuille de brouillon, reportez son contour puis découpez le rond. Pliez-le en deux, puis en quatre, puis en huit, avant de le déplier.

2. Glissez le rond en papier sous le cercle à broder et tracez huit repères sur le cercle, à l'endroit des plis du papier.

3. À l'aide des gabarits correspondants *(voir page 139)*, découpez 80 éléments bleu marine ainsi que l'octogone en carton gris, avec l'X-Acto, sur le tapis de découpe. Peignez l'octogone en bleu marine et laissez sécher.

4. Avec le plioir, pliez les 80 éléments bleu marine en deux, après avoir marqué les plis en travers de la partie étroite. Placez un élément bleu marine sur chaque face de l'octogone en prenant celui-ci en sandwich, la pliure contre le bord intérieur de l'octogone. Pour passer la moitié arrière de chaque élément dans le centre de l'octogone, serrez délicatement les côtés de la moitié arrière du papier afin de créer un léger pli, puis repoussez l'élément par le centre de l'octogone et lissez-le vers l'extérieur.

5. Reliez les éléments bleu marine en formant des chaînes, en commençant par ceux que vous avez fixés à l'octogone à l'étape 4 : passez la moitié arrière de chaque élément dans le centre de l'élément précédent, en prenant en sandwich les deux épaisseurs du bas de l'élément précédent. Continuez jusqu'à ce que chaque chaîne soit composée de dix éléments.

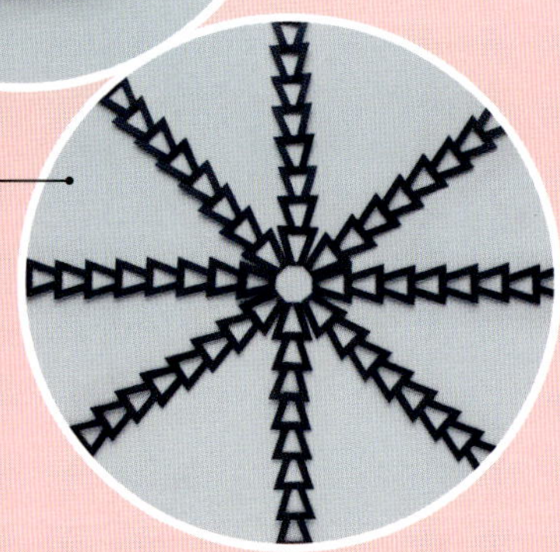

6. L'élément terminal des chaînes doit garder son extrémité ouverte. Avec le pistolet à colle, fixez ces extrémités au cercle à broder peint, une épaisseur sur l'extérieur du cercle et l'autre sur l'intérieur, sur les repères tracés à l'étape 2.

7. Avec la règle et l'X-Acto, sur le tapis de découpe, coupez 24 bandes de 1 cm dans la longueur du papier bleu vif, puis recoupez chacune en cinq morceaux égaux.

8. À la machine à coudre, cousez ces bandes ensemble en huit groupes de 15. Piquez une ligne de points bleu vif à environ 5 mm du haut du premier morceau de papier, puis piquez droit jusqu'au deuxième, sans laisser d'espace entre les deux et en alignant les bords. Une fois les 15 premiers morceaux reliés, coupez le fil et recommencez pour coudre le groupe de 15 suivant.

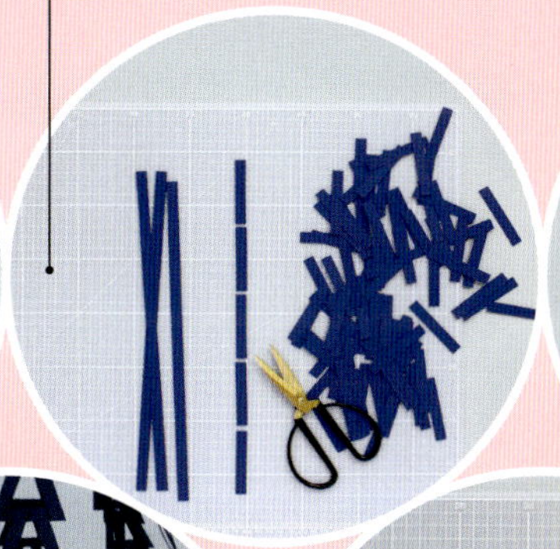

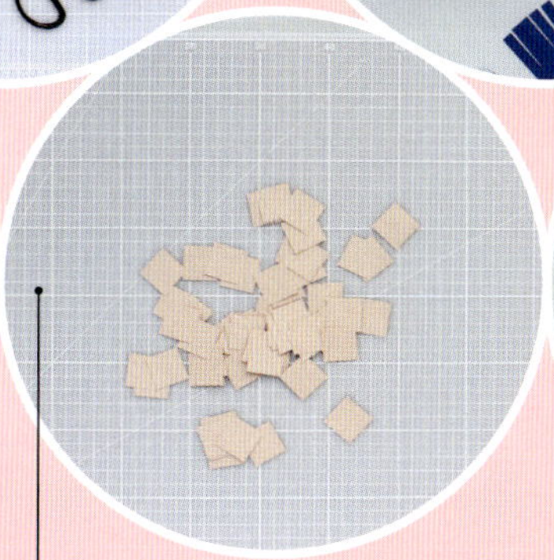

9. Avec le pistolet à colle, fixez au cercle le haut des bandes cousues, comme représenté.

10. Coupez 72 carrés de 2,5 cm dans le papier rose poudré. À la machine à coudre, reliez-les en huit groupes de neuf. Piquez une ligne de points roses en diagonale des carrés, sans laisser d'espace entre chaque carré. Une fois les neuf premiers carrés reliés, coupez le fil et faites de même pour le groupe de neuf suivant.

11. Coupez huit morceaux de papier de soie bleu de 23 x 17 cm. Pliez-les en deux dans la longueur, puis avec la règle métallique et l'X-Acto, sur le tapis de découpe, réalisez des franges verticales en vous arrêtant à 1 cm de la pliure.

12. Dépliez les morceaux de papier à franges, puis entortillez-les en leur milieu. Pliez en deux avant d'envelopper la partie entortillée avec du masking tape doré. Formez ainsi huit glands.

13. Avec le pistolet à colle, fixez un gland sur l'arrière du carré central de chacun des groupes de carrés roses, comme représenté. Fixez aussi pareillement les extrémités de ces groupes au cercle à broder, comme représenté.

Variante
Confectionnez des pompons en papier de soie à la place des sphères.

14. Répétez les étapes 11 et 12 avec le papier de soie rose pour réaliser huit glands roses.

15. Prenez les sphères en papier bleu et les glands roses. Ouvrez à demi la première sphère et, avec le pistolet à colle, fixez un gland rose à l'intérieur. Déposez de la colle sur les deux faces cartonnées de la sphère et fixez-la au cercle, comme représenté. Faites de même avec toutes les sphères et les glands. Passez un fil autour de l'octogone supérieur pour suspendre ce lustre à un crochet vissé dans le plafond, ou à l'endroit souhaité.

to:
return address:

23

COUCOU

Cette horloge moderne et amusante, caractérisée par une petite touche de kitsch bavarois, est l'un des projets de ce livre que je préfère. Il nécessite un peu de patience, mais le résultat est adorable et ne passera pas inaperçu une fois accroché au mur.

IL VOUS FAUT

Feuilles de papier A5 de ces teintes :
1 pêche **2** corail
3 Feuille A5 de papier miroir mono-face doré
4 2 feuilles de papier A4 pêche clair
5 Feuille de papier A3 bleu marine **6** X-Acto
7 Tapis de découpe **8** Règle métallique
9 Paire de ciseaux **10** Stylet à embosser
11 Plioir **12** Colle blanche liquide
13 Compas **14** Mécanisme horloger
15 Pastilles de mousse adhésive double-face

RÉALISATION

DIFFICULTÉ

TECHNIQUES

1. À l'aide des gabarits correspondants *(voir page 136)*, découpez chacun des éléments comme représenté, sur le tapis de découpe, avec l'X-Acto et la règle métallique (ou des ciseaux si vous préférez).

2. Avec le stylet à embosser et la règle, marquez les plis. Servez-vous du plioir pour former les plis en relief ou en creux sur chacune des marques, selon les indications des gabarits.

3. Prenez le grand élément bleu marine. Appliquez une fine couche de colle liquide au verso de la languette latérale et fixez-la au verso du côté opposé.

4. Une face à la fois, fermez le toit et la base. Pour cela, appliquez une fine couche de colle sur chacune des languettes autour de la première face ouverte, puis abaissez cette face sur les languettes encollées et appuyez le temps que la colle commence à sécher. Faites de même avec toutes les faces ouvertes pour fermer la maison.

5. Triez les bandes festonnées pêche clair : d'un côté celles avec les plis entre deux festons, de l'autre celles avec les plis au milieu des festons. Commencez par une bande avec les plis entre les festons et appliquez un trait de colle au verso le long du haut du bord droit. Fixez-la sur la maison, en l'enveloppant autour des murs, le bas des festons aligné sur le bas de la maison.

6. Répétez l'étape 5 avec les bandes festonnées restantes, en alternant les deux sortes, en alignant toujours le bas des festons sur le haut des interstices séparant les festons de la bande précédente.

7. Retournez la maison, posez-la sur le tapis de découpe et, avec l'X-Acto, coupez à travers les bandes festonnées à l'endroit du trou de l'élément bleu marine afin que le trou traverse toutes les épaisseurs de la façade.

8. Appliquez une fine couche de colle au verso du triangle couleur pêche. Fixez-le sur la maison, en alignant les bords en diagonale sur le toit ainsi que l'ouverture de la fenêtre.

9. Appliquez une fine couche de colle au verso de l'encadrement de fenêtre corail, puis fixez-le à la maison, en alignant les bords intérieurs de l'encadrement sur l'ouverture de la fenêtre.

10. Découpez une bande de 12 x 1 cm de papier bleu marine. Retournez la bande corail à losanges pour travailler sur le verso et appliquez une goutte de colle entre chaque losange. Appuyez la bande bleu marine en la centrant sur la bande corail, de façon à recouvrir tous les trous en forme de losange. Appliquez une fine couche de colle au verso avant de fixer la bande sur la maison, juste en dessous du toit, en l'enveloppant autour des murs.

11. Servez-vous du compas pour tracer trois cercles : un de 7 cm de diamètre sur le papier doré, un de 6,5 cm de diamètre sur le papier corail et un de 4,5 cm de diamètre sur le papier pêche. Au centre de chaque cercle, tracez-en un autre de 7 mm de diamètre. Découpez tous ces cercles, y compris les trous centraux.

12. Superposez les trois cercles par ordre de taille et collez-les les uns sur les autres, en alignant les trous centraux. Collez l'ensemble sur la maison, le trou central aligné sur celui de la maison.

13. Appliquez une fine couche de colle sur les deux pans de toit de la maison, puis prenez le rectangle festonné bleu marine et posez-le sur le toit, le long bord droit aligné sur le bord arrière de la maison afin que le toit ne dépasse que vers l'avant de la construction.

14. Prenez l'élément pêche clair en forme de V. Appliquez une fine couche de colle au verso des deux zones rectangulaires festonnées (et non sur la zone triangulaire festonnée au centre), puis fixez cet élément au sommet du toit. Appuyez d'abord la face avec la languette sur le côté du toit de sorte que la languette se replie par-dessus le toit, puis passez la face triangulaire autour de l'avant du toit avant d'appuyer pour fixer le dernier côté, en alignant les bords droits de l'élément sur le haut et l'arrière du toit.

15. Prenez les deux volets dorés, sur lesquels vous aurez marqué les plis. Appliquez une fine couche de colle sur le verso de la moitié sans découpes de chacun d'eux, fixez-en un autour de chaque côté de la fenêtre puis appuyez-les au verso de la façade de la maison. Pour cela, passez les doigts par la fenêtre pour les maintenir en place le temps que la colle commence à sécher.

16. Si votre mécanisme horloger nécessite une pose particulière, suivez les instructions correspondantes. Sinon, ôtez les aiguilles. Posez de la mousse adhésive double-face sur l'avant du mécanisme, en évitant les pièces mobiles. Passez le centre du mécanisme dans le trou du papier, de l'arrière vers l'avant, et appuyez au niveau de l'adhésif pour le fixer en place. Remettez les aiguilles.

17. Prenez les deux feuilles formant les balanciers et repliez la partie ovale supérieure de chacune. Appliquez une petite quantité de colle sur la partie repliée et appuyez-la au milieu de la base de la maison, comme représenté.

18. Déposez un point de colle sur la petite incision de l'oiseau et emboîtez-le dans l'entaille du bas de la fenêtre, en dirigeant l'oiseau vers l'extérieur, comme représenté.

24

ANANAS EN PAPIER

Autrefois très prisé pour sa rareté, l'ananas a longtemps inspiré les designers et les architectes, qui en ont fait un symbole d'exotisme, d'hospitalité et de luxe. Si vous alternez convenablement les plis en creux et les plis en relief, cette sculpture de papier apportera une note tropicale glamour et Art déco à votre intérieur.

IL VOUS FAUT

1 Feuille A3 de papier cartonné fin blanc
2 2 feuilles A4 de papier doré nacré
3 X-Acto **4** Tapis de découpe
5 Règle métallique **6** Paire de ciseaux **7** Stylet à embosser
8 Plioir **9** Colle blanche liquide

RÉALISATION

DIFFICULTÉ ● ● ●

TECHNIQUES

1. À l'aide des gabarits correspondants *(voir page 134)*, découpez les éléments comme représenté, sur le tapis de découpe, avec l'X-Acto et la règle métallique (ou des ciseaux si vous préférez).

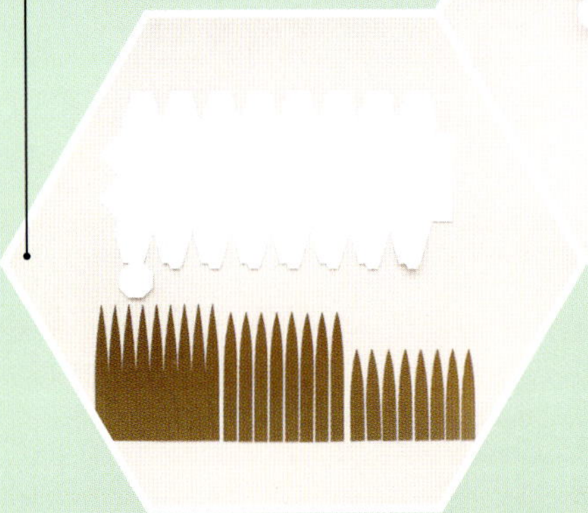

2. Avec le stylet à embosser et la règle, marquez les plis comme indiqué sur les gabarits. Servez-vous du plioir pour réaliser d'abord les plis en relief, puis les plis en creux.

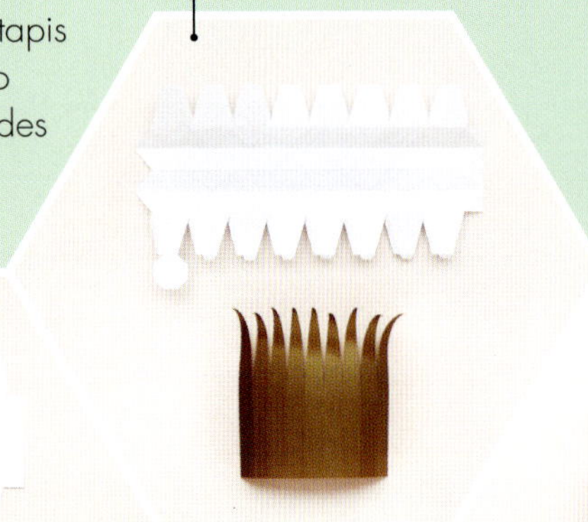

3. Posez la feuille pliée devant vous, l'endroit sur le dessus. Le long du haut se trouve une rangée de formes trapézoïdales, ayant chacune une languette le long de son bord droit. En travaillant le long de cette rangée, appliquez une fine couche de colle liquide sur le devant de chaque languette avant de la fixer au verso du bord adjacent du trapèze suivant. Recommencez le long du bas de la feuille. Vous obtenez une structure arrondie, dont l'un des bords est un zigzag et l'autre bord est droit. Positionnez celui en zigzag sur le bord droit, sur l'extérieur.

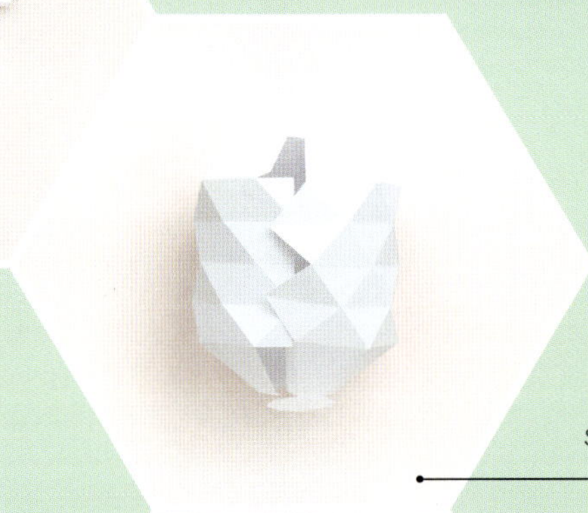

4. En bas de la structure se trouve une face octogonale. À cette extrémité, appliquez de la colle sur la languette du dernier trapèze et fixez-la au verso de la face trapézoïdale adjacente, de façon à refermer l'ananas. Il reste une ouverture octogonale entourée par sept languettes et une face octogonale. Appliquez une fine couche de colle sur chaque languette et appuyez la face octogonale sur celles-ci, en alignant les bords le temps que la colle sèche.

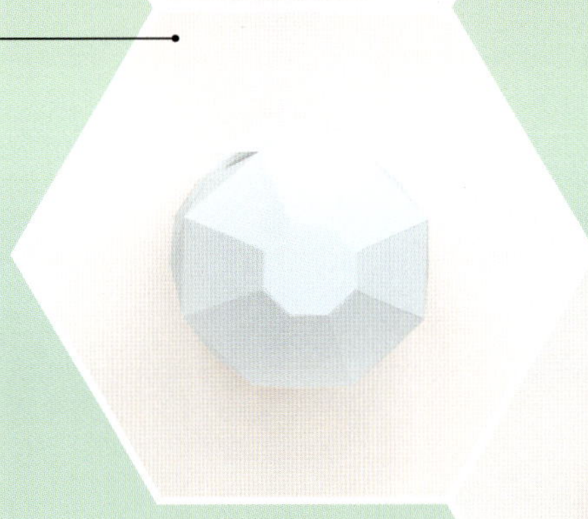

5. Appliquez de la colle au verso du bord en zigzag et appuyez-le sur le papier en dessous, en alignant les plis. Collez la languette du dernier trapèze au verso de la face adjacente pour achever la structure.

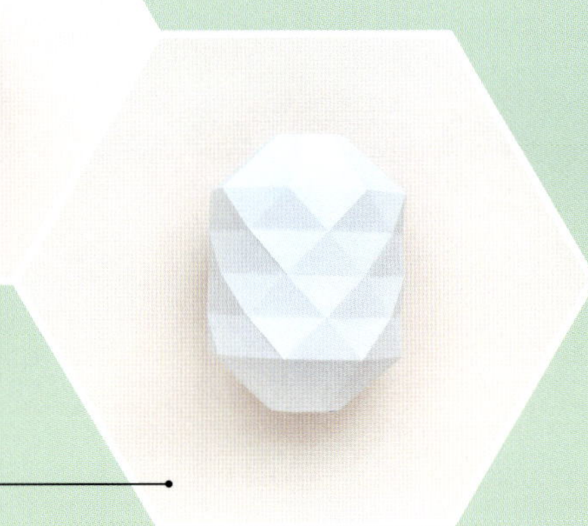

6. Avec une lame de ciseaux, incurvez délicatement chacune des feuilles dorées isolées. Triez les feuilles courtes et les longues.

7. Posez la structure blanche debout, l'ouverture en haut, et prenez les feuilles courtes. Déposez un point de colle sur l'extrémité rectangulaire de la première feuille puis fixez-la sur l'intérieur de la structure de sorte qu'elle s'incurve vers l'extérieur, en alignant le pli de la feuille sur le bord supérieur de la structure. Pliez délicatement la feuille le long de la marque de pli à l'endroit où elle est en contact avec la structure pour la redresser. Faites de même avec toutes les petites feuilles restantes.

8. Pour cette étape, servez-vous des longues feuilles dorées isolées. Prenez la première et appliquez une fine couche de colle sur 1,5 cm à l'extrémité rectangulaire. Placez-la au centre de l'ananas, sur l'intérieur d'une des petites feuilles, incurvée vers l'extérieur et en alignant les bases des feuilles. Faites de même avec le reste des grandes feuilles.

Variantes

Réalisez un ananas entièrement doré, ce qui lui donnera un petit air de fête, à moins que vous le préfériez jaune avec des feuilles vertes, pour un côté tropical.

9. Prenez la bande de feuilles et, avec les ciseaux, incurvez délicatement les pointes. Appliquez une fine couche de colle au verso de la dernière feuille, puis recourbez la bande et fixez la feuille encollée à l'avant de la feuille de l'autre extrémité, en alignant les bords.

10 Appliquez une fine couche de colle sur les 3 cm du bas du tube de feuilles. Prenez l'ananas et écartez légèrement les feuilles déjà fixées. Insérez le cylindre au centre et alignez les bases des feuilles. Ramenez les feuilles isolées vers l'intérieur, puis tenez l'ensemble le temps que la colle commence à sécher pour fixer le cylindre.

25

COURONNE DE FÊTE

Cette couronne en papier crépon peut être un ravissant élément de décor pour les fêtes, mariages, réceptions ou autres cérémonies… Elle est plus facile à confectionner que tous ses détails ne le laissent penser.

IL VOUS FAUT

Rouleaux de papier crépon épais de ces teintes : **1** bleu marine **2** blanc **3** bleu clair **4** vert **5** Règle métallique **6** Paire de ciseaux **7** Peinture acrylique blanche **8** Pinceau **9** 8 billes de polystyrène de 1 cm de diamètre **10** Colle blanche liquide **11** Pince coupante **12** 12 morceaux de 30 cm de fil de fer vert fin **13** Pistolet à colle **14** Ruban adhésif de fleuriste **15** 16 billes de polystyrène de 1,5 cm de diamètre **16** 2 morceaux de 30 cm de gros fil de fer vert

RÉALISATION

DIFFICULTÉ ●●●
TECHNIQUES

1. Mesurez à la règle puis découpez huit bandes de papier crépon bleu marine de 8 x 2 cm, dans la largeur du rouleau. Peignez le recto de ces bandes à la peinture acrylique blanche, en laissant une marge bleu marine. Laissez sécher. Avec les ciseaux, formez une frange le long du bord bleu marine, en réalisant des entailles rapprochées comme représenté, jusqu'à environ 7 mm de l'extrémité.

2. Découpez huit morceaux de papier crépon bleu marine suffisamment grands pour envelopper les billes de polystyrène de 1 cm de diamètre. Déposez des points de colle liquide sur le premier morceau et étirez-le autour de la première bille, puis entortillez l'excédent de papier crépon en formant une tige. Une fois la colle sèche, recoupez la tige aux ciseaux. Faites de même avec les billes restantes.

3. À l'aide de la pince coupante, coupez quatre des fils de fer fins en deux. Avec le pistolet à colle, déposez une toute petite quantité de colle à une extrémité du premier demi-fil de fer, puis enfoncez-y aussitôt une bille recouverte de papier crépon, en l'insérant là où vous avez recoupé le papier, jusqu'au centre de la bille. Faites de même avec toutes les billes.

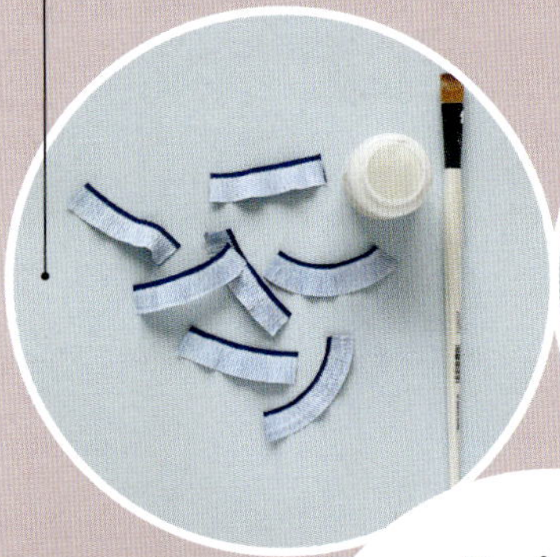

Variante

Essayez de varier des types de fleurs : la méthode de construction employée ici peut servir à réaliser toutes sortes de couronnes, à poser ou à suspendre.

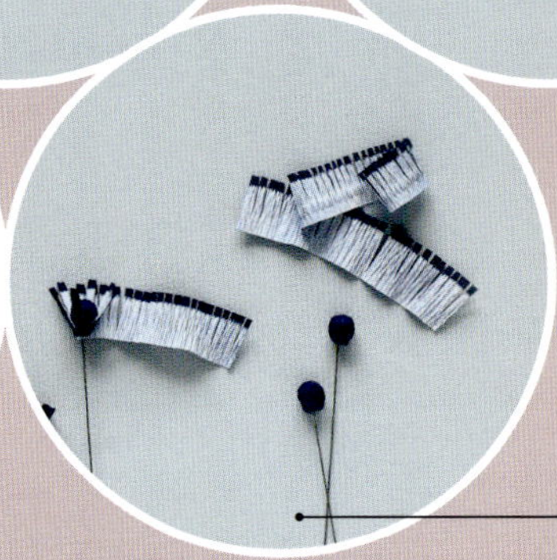

4. Avec le pistolet à colle, déposez un trait de colle le long de la base de la première bande de franges, puis enveloppez-la aussitôt autour de la base de la première bille. Recommencez avec les autres bandes.

5. Prenez les papiers crépons blanc et bleu clair. Avec les gabarits correspondants *(voir page 135)*, découpez 24 pétales de chaque couleur. Orientez-les dans le sens de la longueur du rouleau, de sorte que les petits plis du papier courent de haut en bas des pétales. Pour gagner du temps, coupez une bande de 5 cm dans la largeur du rouleau et pliez-la en accordéon pour couper plusieurs pétales en même temps.

6. Façonnez légèrement les pétales. Pour cela, prenez un pétale, posez le pouce au centre et tirez délicatement le papier de part et d'autre pour le creuser. Triez les pétales par couleur. Prenez-en trois d'une première couleur ainsi que l'un des fils de fer avec des franges.

7. Avec le pistolet à colle, appliquez de la colle à la base du premier pétale et fixez-le à la base de la frange. Faites de même avec les deux autres pétales, en les espaçant de manière régulière autour des étamines. Recommencez avec les fils de fer à franges restants, pour réaliser quatre fleurs blanches et quatre fleurs bleues.

8. Répétez l'étape 7 avec les pétales restants, en fixant trois pétales supplémentaires de la même couleur sur chaque fleur et en plaçant chacun entre les pétales précédemment collés.

9. Prenez le papier crépon vert. Découpez à main levée 24 ellipses pointues d'environ 0,75 x 4 cm, dans la longueur du rouleau. Collez-en trois autour de la base de chacune des fleurs, en positionnant chaque feuille au centre d'un pétale, la moitié sur le pétale et la moitié sur le fil de fer.

10. Enveloppez le fil de fer de ruban adhésif de fleuriste, en l'étirant tout en enroulant. Commencez autour du papier crépon vert puis descendez jusqu'à l'extrémité du fil de fer. Faites de même pour toutes les fleurs.

11. Découpez huit morceaux de papier crépon bleu clair assez grands pour envelopper une bille de 1,5 cm de diamètre. Faites de même avec du papier crépon blanc. Déposez un point de colle liquide sur l'un des morceaux et étirez-le autour d'une bille, puis entortillez l'excédent de papier pour former une tige. Faites de même avec les autres billes.

12. Servez-vous du gabarit pour découper 16 feuilles en papier crépon vert, dans la longueur du rouleau. Étirez légèrement le papier au centre des feuilles, en les prenant au milieu avec le pouce et en tirant doucement sur le papier vers les côtés pour creuser la feuille.

Perfectionnez-vous

Pour poser du ruban adhésif de fleuriste, il faut l'étirer tout en l'enroulant pour libérer la colle.

13. Avec la pince coupante, coupez les huit fils de fer fins restants en deux. À l'aide du pistolet à colle, déposez de la colle à une extrémité du premier demi-fil de fer, puis enfoncez-le aussitôt dans la tige d'une bille recouverte de papier crépon. Déposez de la colle sur la pointe inférieure d'une feuille et fixez-la aussitôt contre le fil de fer afin que ce fil soit pris entre la tige de la bille et la feuille, en faisant en sorte que la feuille enveloppe la bille.

14. Prenez deux des fils de fer préparés à l'étape 13. Enveloppez la moitié supérieure du premier fil de fer avec de l'adhésif de fleuriste, en le tendant, puis coupez l'adhésif. Prenez le second fil de fer et enveloppez-le également d'adhésif vert à partir du haut. Une fois parvenu à un tiers de la hauteur, ajoutez la première tige enveloppée et continuez d'enrouler dans l'adhésif, en prenant les deux fils de fer ensemble.

15. Prenez les deux gros fils de fer et entortillez leurs extrémités ensemble pour former un anneau de la taille de votre tête.

16. Disposez les fleurs et les boutons autour de l'anneau à titre d'essai. Reliez chaque fil de fer à l'anneau avec un petit morceau d'adhésif vert. À cette étape, n'attachez qu'une petite section de chaque élément à l'anneau pour pouvoir les replacer si besoin.

Personnalisez
Il n'est pas indispensable que les pétales et les feuilles de ce projet aient une forme absolument parfaite – de petites irrégularités améliorent même l'esthétique de l'ensemble, qui paraît alors plus naturel.

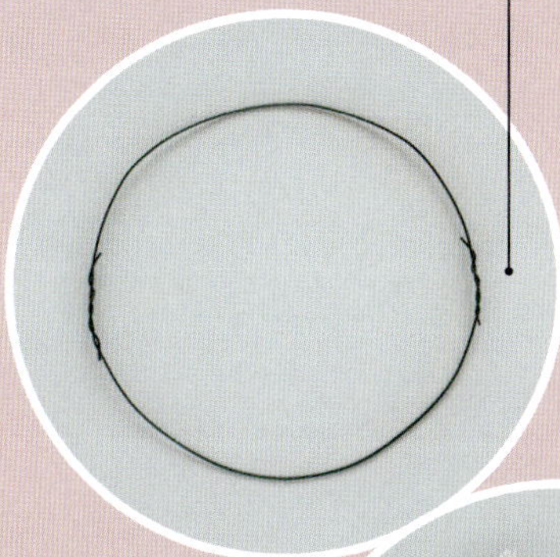

17. Une fois toutes les tiges positionnées sur l'anneau, harmonisez leur placement avant d'envelopper tout le pourtour de l'anneau avec du ruban adhésif de fleuriste pour fixer les tiges. Écartez les fleurs et les boutons.

LES GABARITS

Tous les gabarits sont à taille réelle, sauf indication contraire.

— = couper

····· = pli en relief

- - - = pli en creux

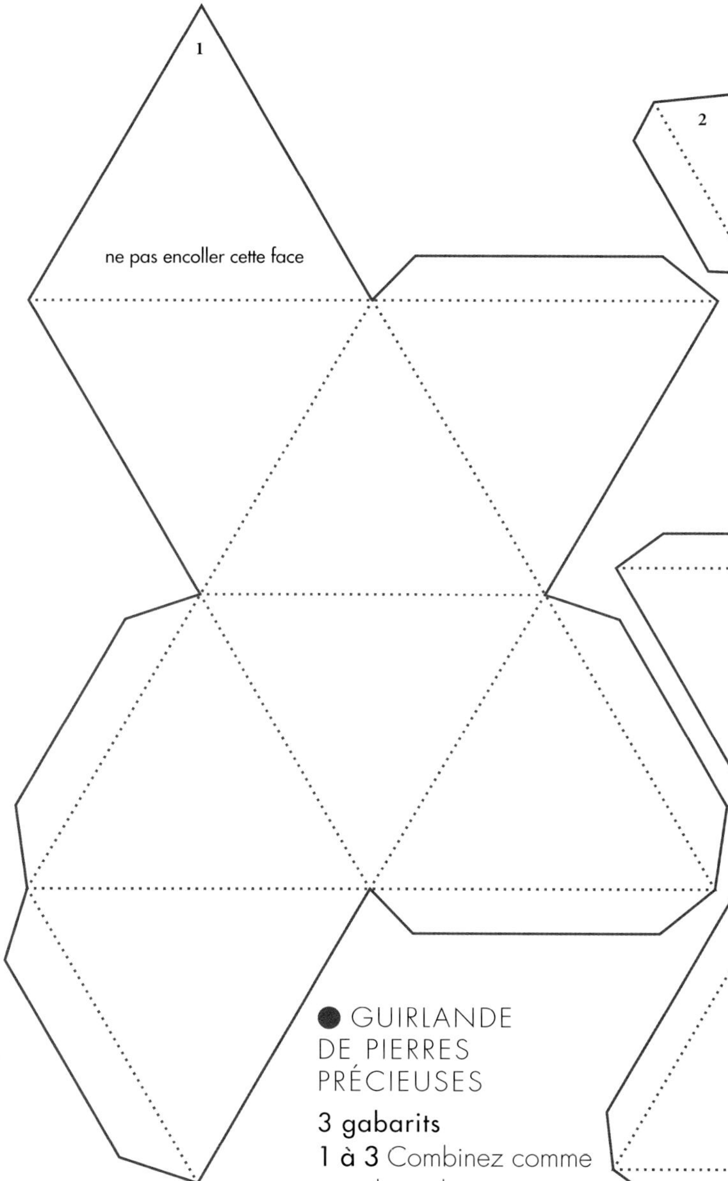

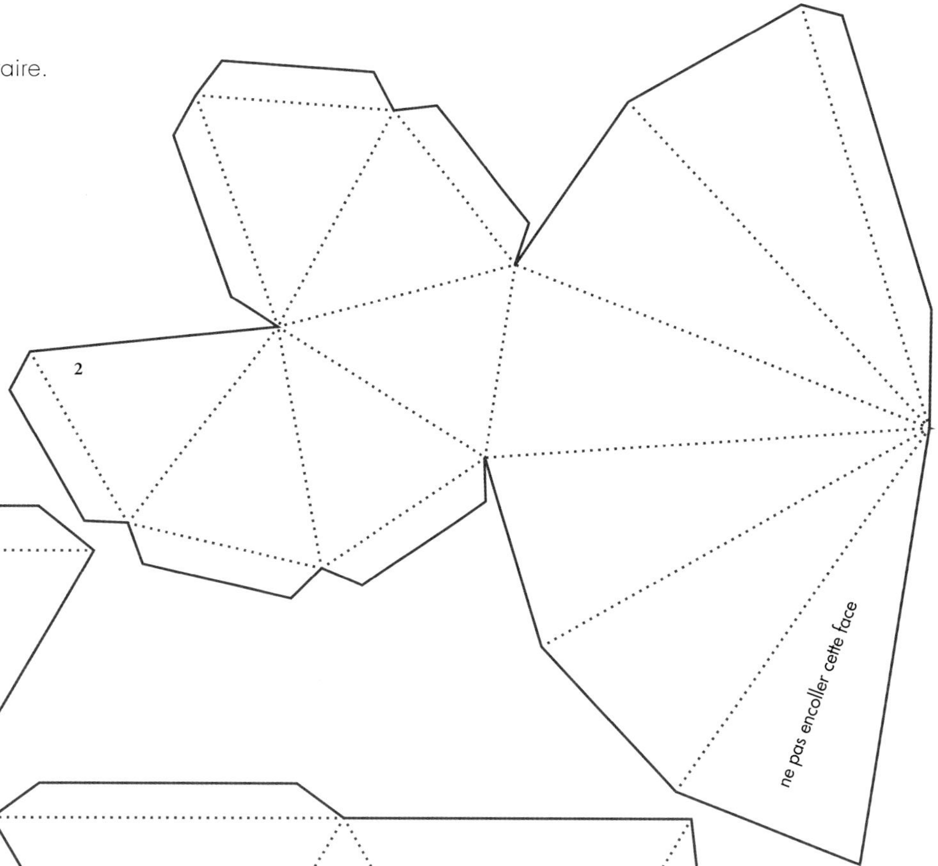

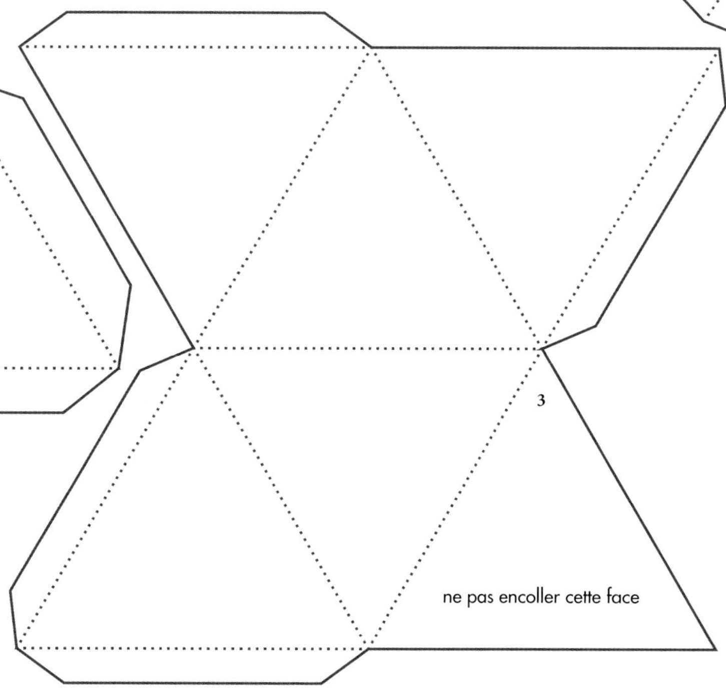

● GUIRLANDE DE PIERRES PRÉCIEUSES

3 gabarits

1 à 3 Combinez comme vous le souhaitez trois papiers de couleur.

ROSE POUR CADEAU

4 gabarits

1 Papier rose poudré (x 6)
2 Papier rose poudré (x 3)
3 Papier rose poudré (x 3)
4 Papier rose poudré (x 1)

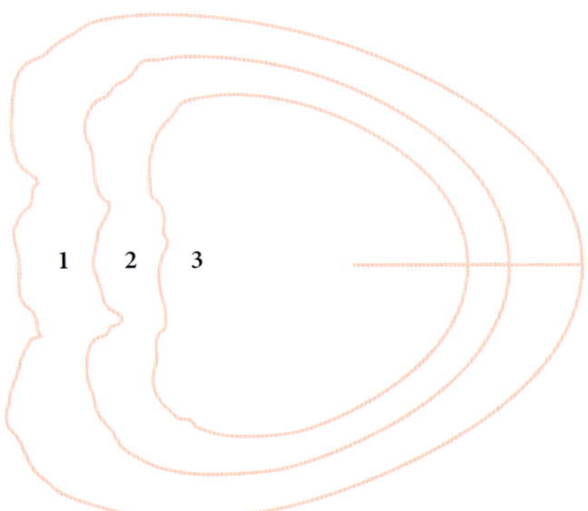

MANDALA FLORAL

3 gabarits

1 Papier gris clair (x 1)
2 (Page 129) Papier rose (x 1)
3 Papier vert (x 1)

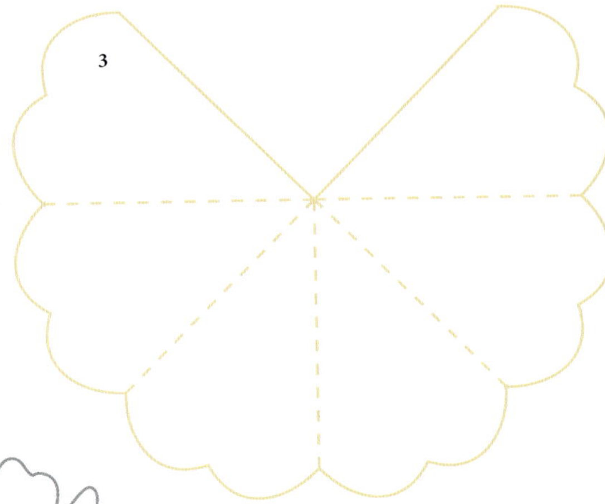

CARTE À FLEURS POP-UP

5 gabarits

1 Papier jaune clair (x 1)
2 Papier rose poudré (x 1)
3 (Page 128) Papier doré (x 1) ; papier jaune clair (x 1) ; papier rose pastel (x 2) ; papier orangé (x 3)
4 Papier rose poudré (x 2) ; papier rose pastel (x 2) ; papier jaune clair (x 3)
5 Papier doré (x 1) ; papier rose pastel (x 2) ; papier orangé (x 4)

EMBOUT DE CRAYON FLEURI

3 gabarits

1 Papier bleu (x 1)
2 Papier bleu ciel (x 1) ; papier cuivré (x 1)
3 Papier cuivré (x 1)

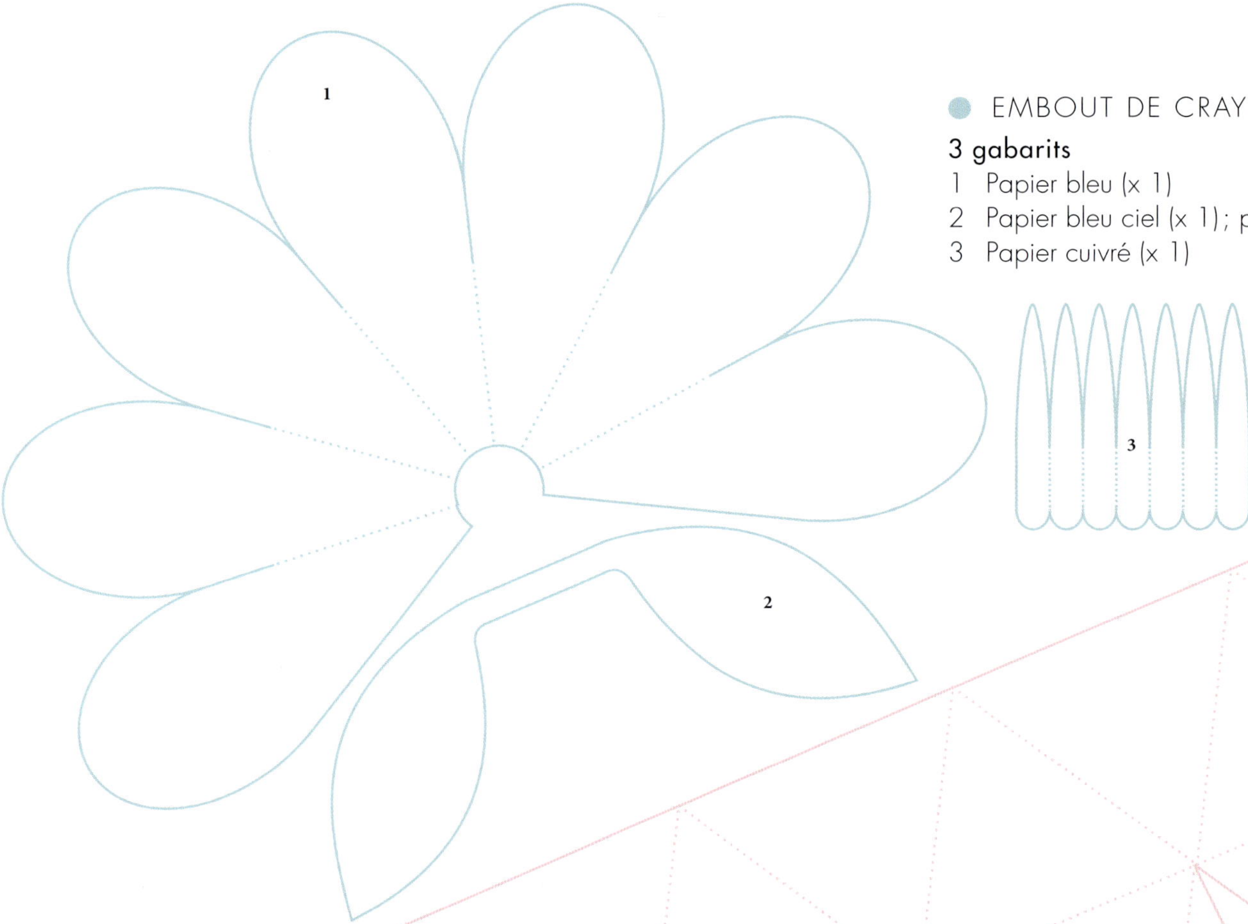

VIDE-POCHES GÉOMÉTRIQUE

2 gabarits

1 Papier cartonné fin marbré (x 1)
2 Papier rose poudré (x 3) ; papier bleu ciel (x 3) ; papier bleu roi (x 3) ; papier gris clair (x 3)

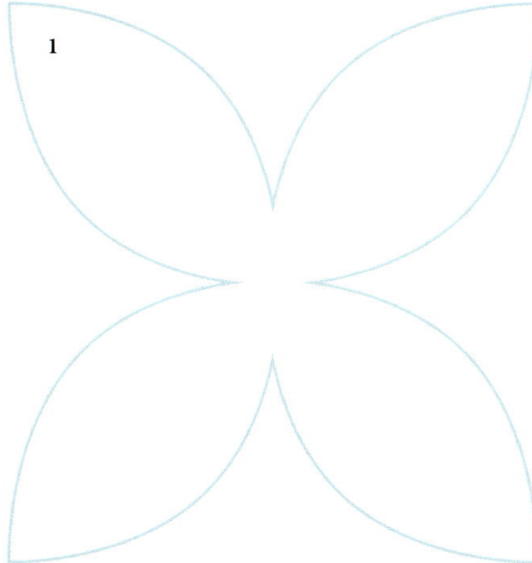

LANTERNE AJOURÉE

1 gabarit (mettre à l'échelle souhaitée)

Utilisez la couleur de votre choix.

GUIRLANDE DE FLEURS MIROITANTES

2 gabarits

1 Papier miroir or (x 4) ; papier miroir cuivre (x 5)

2 Papier miroir or (x 5) ; papier miroir cuivre (x 5)

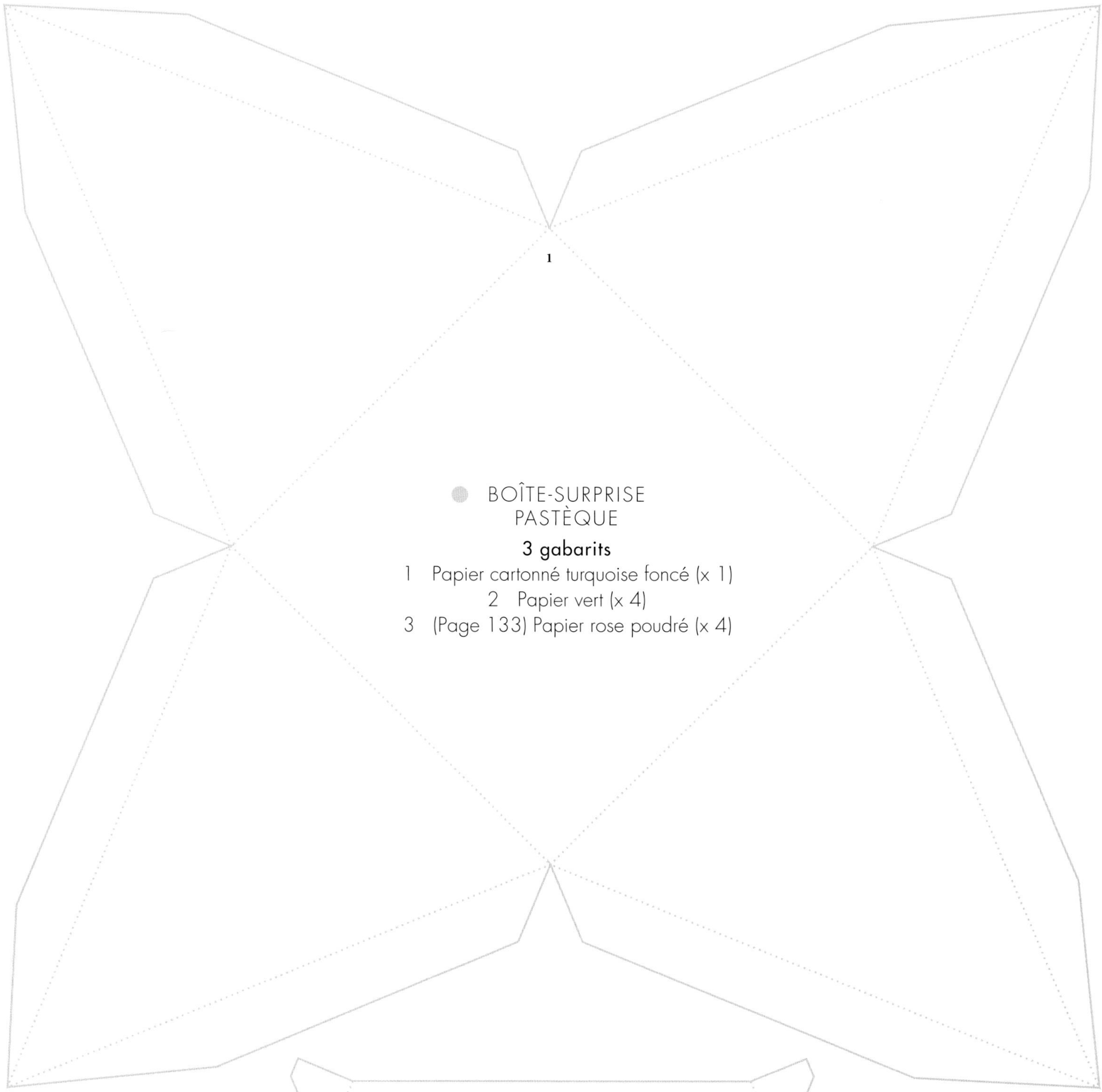

BOÎTE-SURPRISE PASTÈQUE

3 gabarits

1 Papier cartonné turquoise foncé (x 1)
2 Papier vert (x 4)
3 (Page 133) Papier rose poudré (x 4)

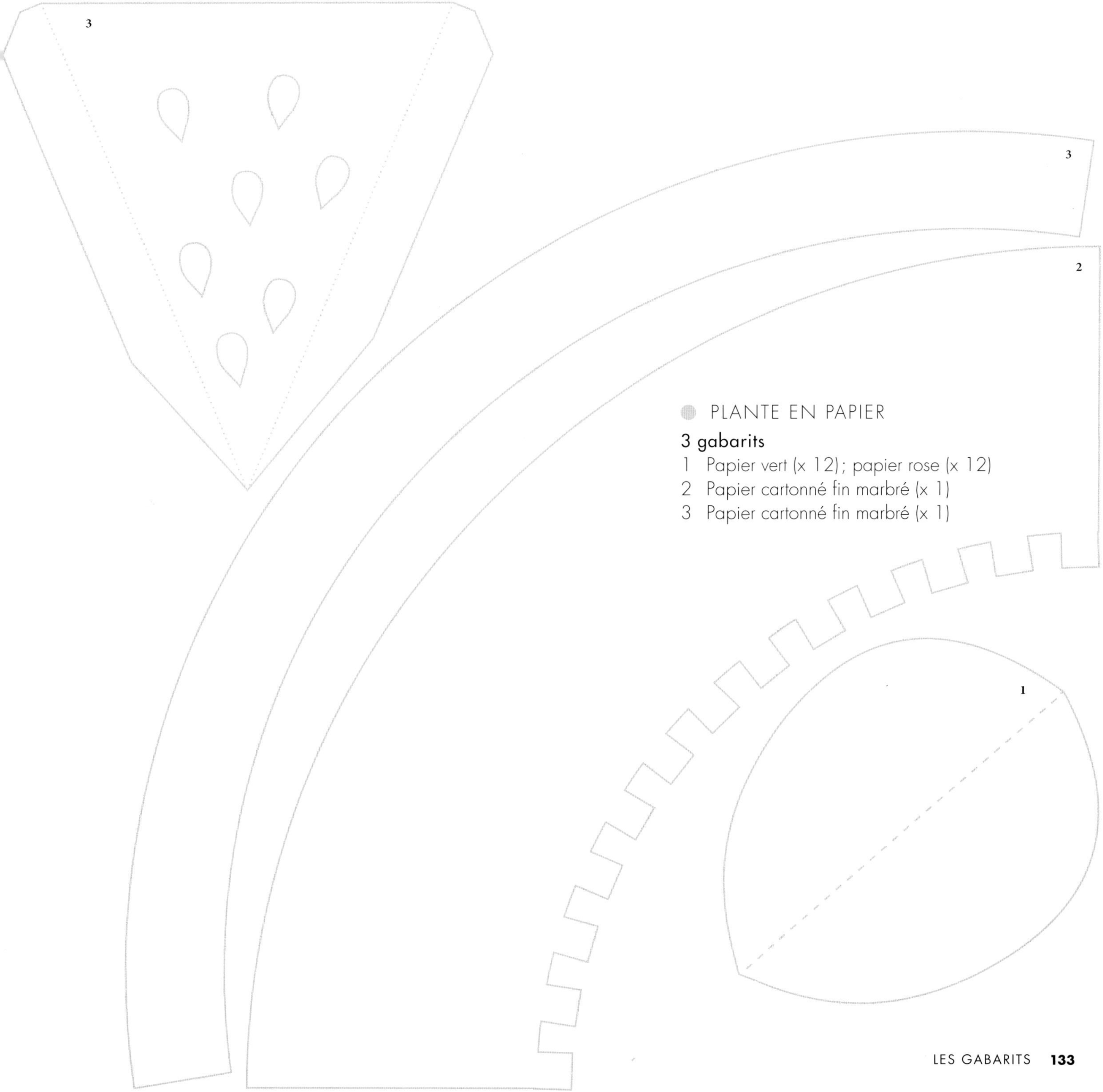

PLANTE EN PAPIER

3 gabarits

1 Papier vert (x 12) ; papier rose (x 12)
2 Papier cartonné fin marbré (x 1)
3 Papier cartonné fin marbré (x 1)

ANANAS EN PAPIER

4 gabarits (agrandir tous les gabarits à 200 %)

1 Papier cartonné fin blanc (x 1)
2 Papier doré (x 1)
3 Papier doré (x 8)
4 Papier doré (x 8)

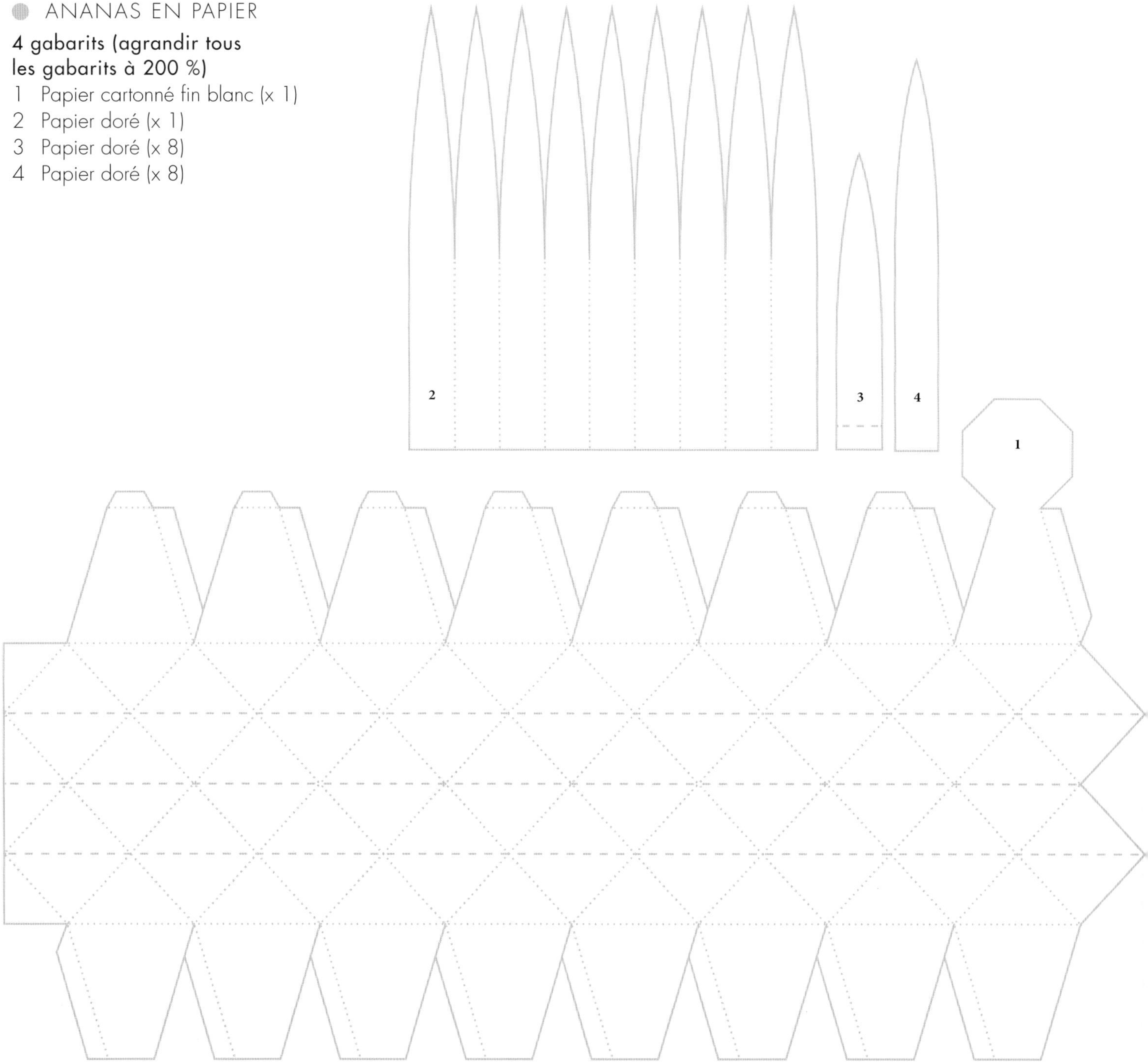

COURONNE DE FÊTE

2 gabarits

1 Papier crépon blanc (x 24) ; papier crépon bleu clair (x 24)
2 Papier crépon vert (x 16)

POCHETTE-CADEAU CYGNE

6 gabarits (agrandir tous les gabarits à 200 %)

1 Papier blanc (x 1)
2 Papier blanc (x 1)
3 Papier blanc (x 1)
4 Papier blanc (x 1)
5 Papier noir (x 1)
6 Papier corail (x 1)

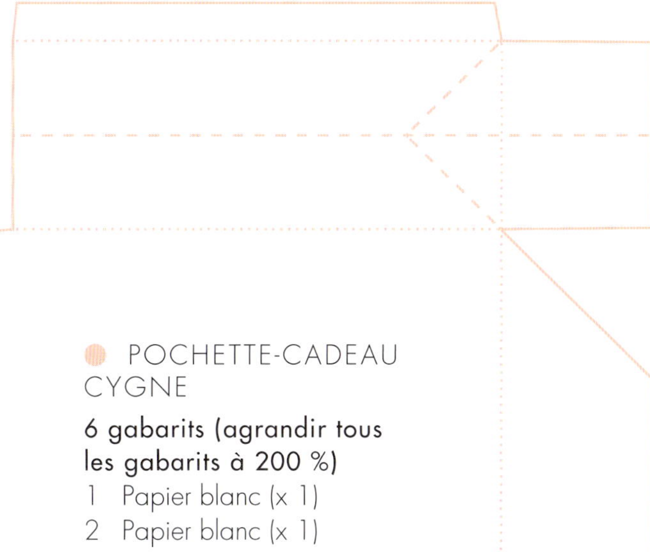
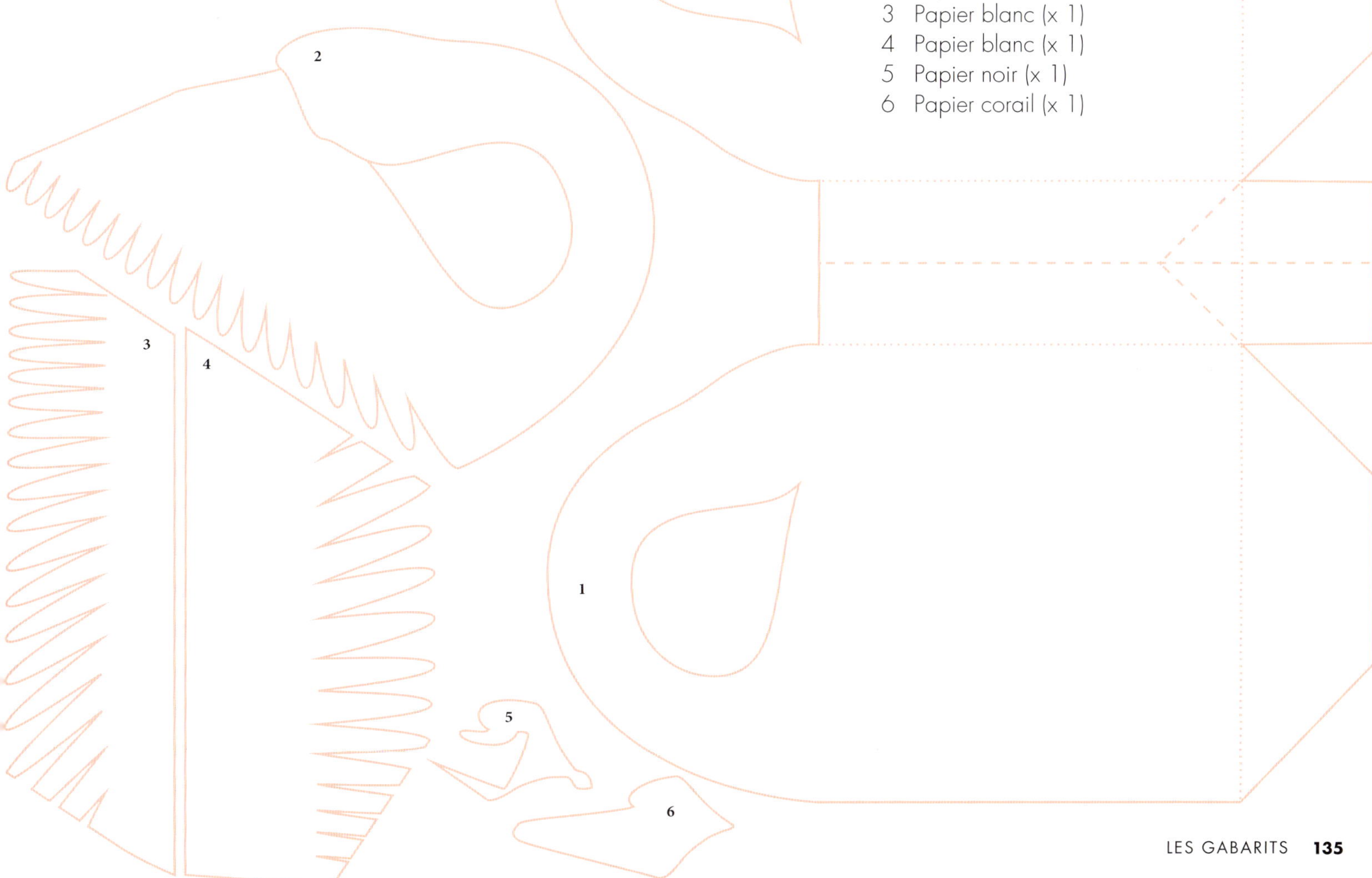

COUCOU

11 gabarits (agrandir tous les gabarits à 200 %)

1 Papier bleu marine (x 1)
2 Papier corail (x 1)
3 Papier pêche clair (x 6)
4 Papier pêche clair (x 7)
5 Papier pêche clair (x 1)
6 Papier pêche clair (x 1)
7 Papier corail (x 1)
8 Papier bleu marine (x 1)
9 Papier pêche (x 1)
10 Papier doré (x 1)
11 Papier pêche (x 1)

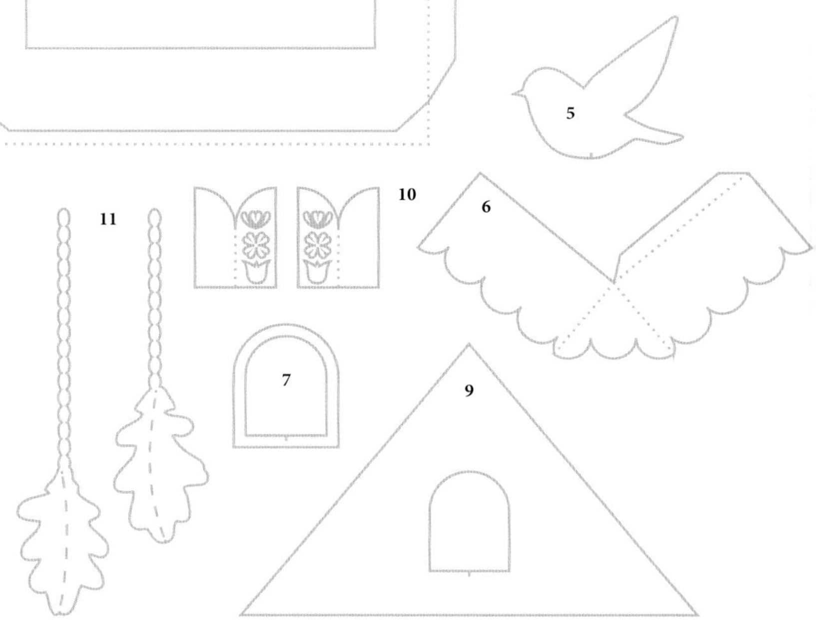

MONOGRAMME BOTANIQUE

7 gabarits

1 à 5 Combinez trois couleurs de papiers verts au choix.

6 Papier vert (x 8)

7 Papier rose (x 16)

BOÎTE-CADEAU MAISON

4 gabarits

1 Papier doré (x 8)

2 Papier doré (x 6)

3 Papier doré (x 2)

4 Papier cartonné fin marbré (x 1)

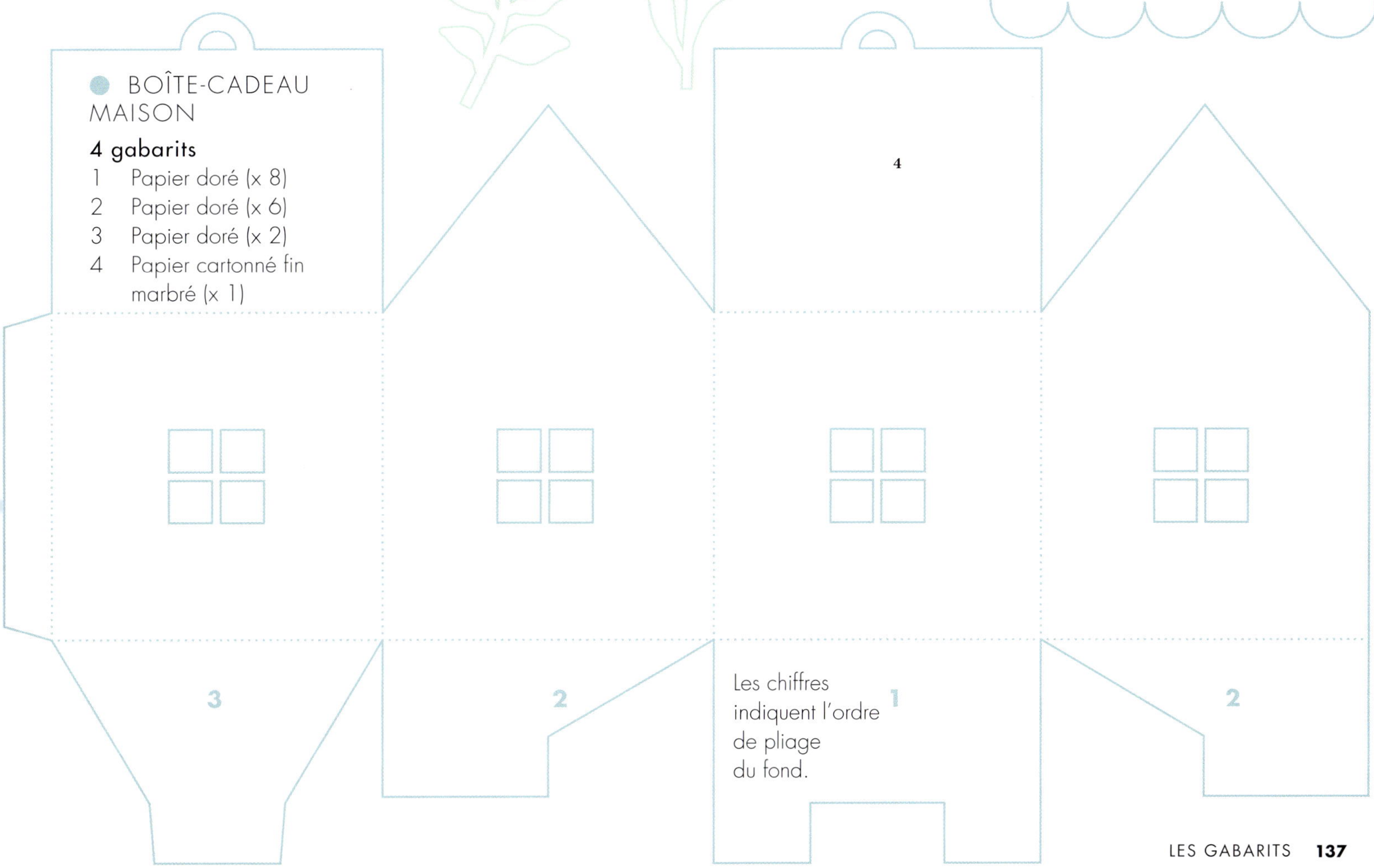

Les chiffres indiquent l'ordre de pliage du fond.

PETITS RANGEMENTS DE BUREAU CACTUS

6 gabarits

1 Papier vert (x 1)
2 Papier épais rose (x 1); papier cartonné rose poudré (x 1)
3 Papier épais rose (x 1); papier cartonné rose poudré (x 1)
4 (Page 139) Papier cartonné doré (hexagone avec languettes biseautées) (x 2)
5 (Page 139) Papier cartonné doré (hexagone avec languettes rectangulaires) (x 1)
6 (Page 139) Papier épais rose (x 1)

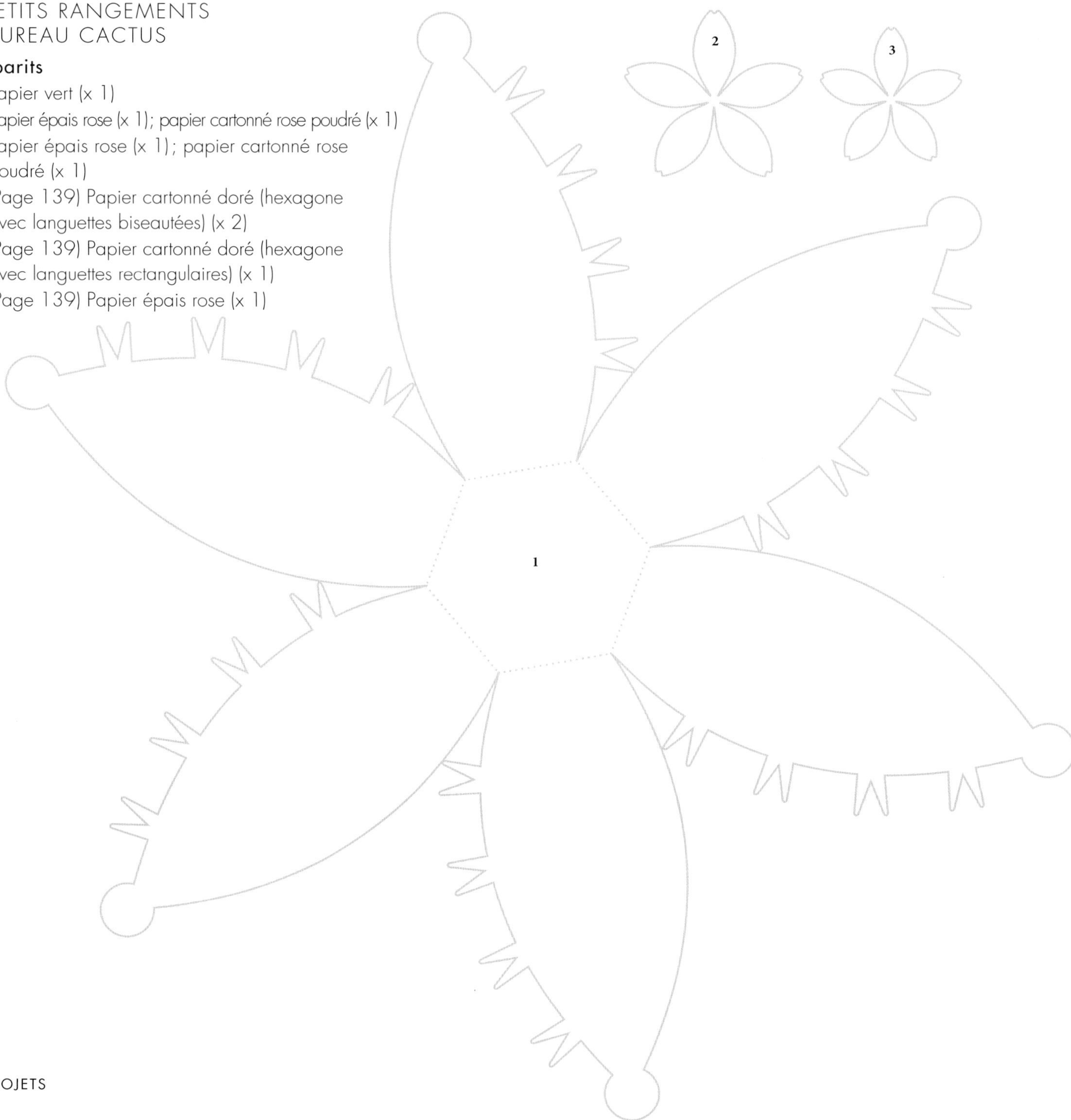

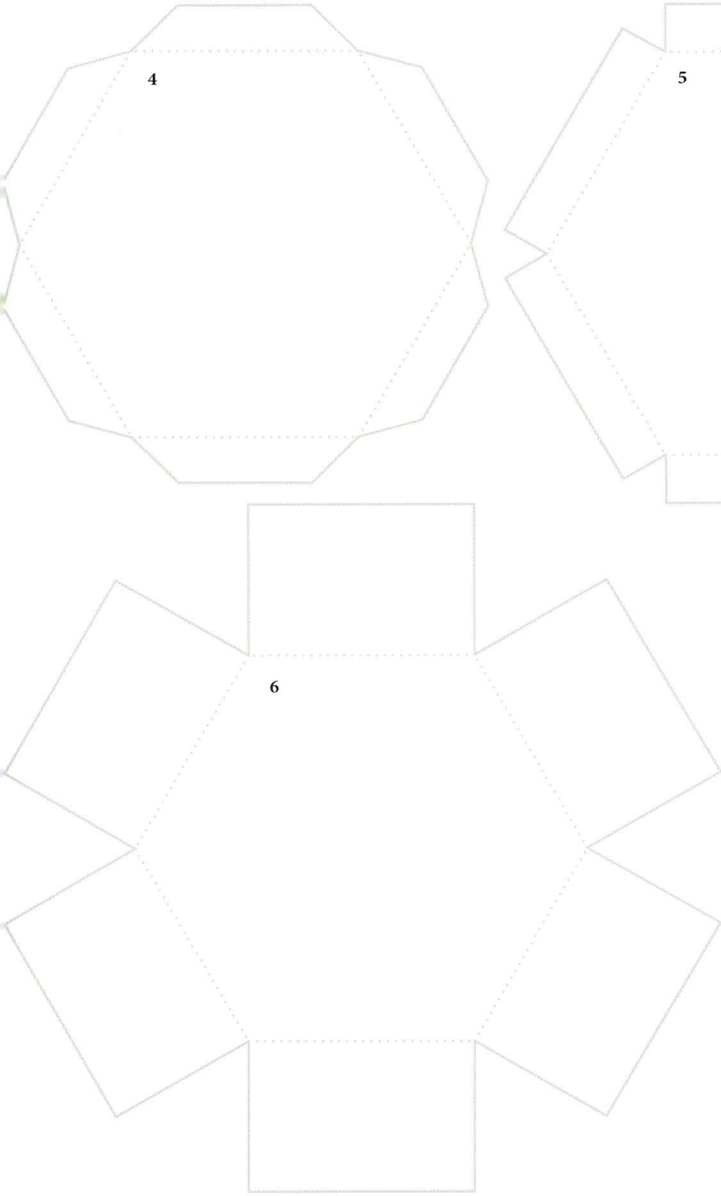

LUSTRE EN PAPIER *PAJAKI*

2 gabarits

1 Papier bleu marine (x 80)
2 Carton gris (x 1)

BRANCHES DE CERISIER EN FLEUR

3 gabarits

1 Papiers rose poudré et vieux rose
(une poignée de fleurs)
2 Papier rouge foncé (une poignée de boutons)
3 Papier rouge foncé (un pour chaque fleur)

GUIRLANDE DE FLEURS

6 gabarits

1 Papier rose poudré (x 2) ; papier orange foncé (x 2) ; papier orange clair (x 2)
2 Papier rose poudré (x 2) ; papier orange foncé (x 2): papier orange clair (x 2)
3 Papier rose poudré (x 2) ; papier jaune (x 2) ; papier orange clair (x 2)
4 Papier vert (x 2)
5 Papier vert (x 12)
6 Papier vert (x 6)

CACHE-POT GÉOMÉTRIQUE

1 gabari

Papier rose poudré à verso rouge (x 1)

VASE MINIMALISTE

1 gabarit (agrandir à 128 %)
Papier cartonné fin (x 1)

Utilisez votre couleur préférée.

PAVOT GÉANT

2 gabarits

1 Papier noir (x 2)

2 (Page 143) papier cartonné fin vert (x 3)

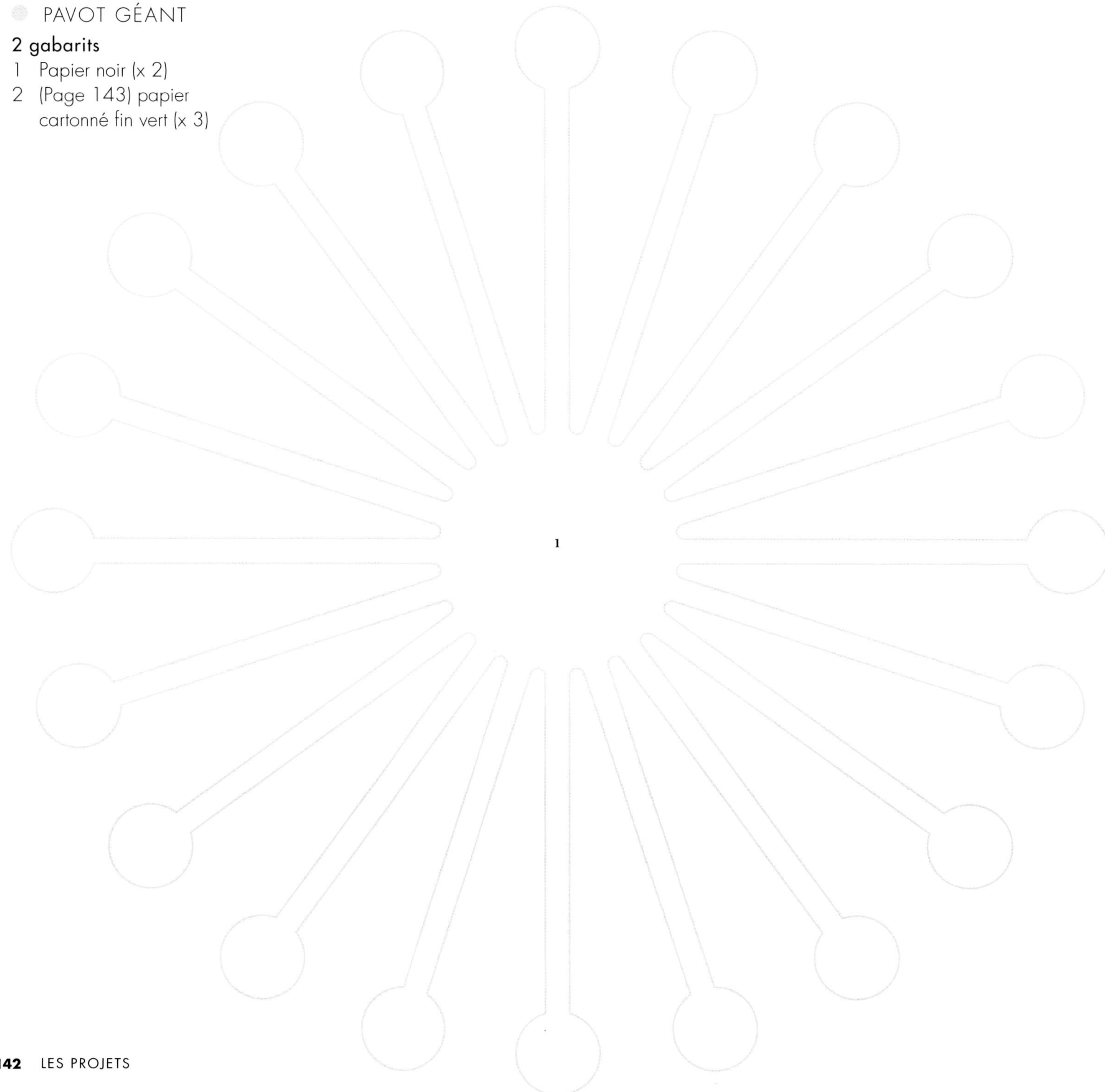

DÉCORATIONS FLORALES POUR GÂTEAU

3 gabarits

1 Papier translucide vert (x 1)
2 Papier translucide coloré (x 1)
3 Papier translucide coloré (x 1)

INDEX

Les illustrations sont indiquées en *italique*, les projets en **gras** et les gabarits par la lettre G.

REMERCIEMENTS DE L'AUTEURE

Je suis extrêmement reconnaissante à tous ceux qui m'ont témoigné leur soutien et leur amour durant la réalisation de ce livre.

Un grand merci à Julia, Philippa, Kate, Claire et Sam ainsi qu'à l'ensemble de la formidable équipe de Quarto, qui a pris le risque de me confier ce projet, m'a guidée tout au long de sa réalisation et m'a offert la possibilité de rayer un élément figurant au sommet de ma liste de rêves à accomplir un jour !

Je remercie sincèrement mes parents pour leur amour indéfectible, leur fierté, leurs encouragements, pour avoir cru en moi, pour m'avoir aidée dans bien d'autres aspects de ma vie pendant cette aventure… et pour avoir supporté le fouillis qui l'a accompagnée ! Maman, tu m'as guidée dans mon exploration de la créativité depuis que j'ai l'âge de tenir un crayon : sans toi et je ne me serais pas lancée dans cette voie. Papa et Denise, sans votre immense aide, je n'aurais pas pu m'en sortir durant l'élaboration de ce livre. Je vous aime tous.

Je remercie Preston de ne pas cesser de croire en moi et de me pousser à réaliser mes rêves. Tu étais convaincu que j'y arriverais. Merci de m'avoir laissée m'accaparer la plus grande pièce pour y étaler mes papiers et pour m'avoir rappelé de prendre soin de moi durant cette période intense.

Merci à Victoria, Rosie, Becki, Annick, Hanni, Fran ainsi qu'à tous mes amis formidables qui me remontent le moral lorsque j'en ai besoin et qui ont accueilli ce livre avec enthousiasme. Votre aide m'a aidée à ne pas flancher ! Merci à Lusea de me comprendre et de toujours me faire sourire, à Georgie et à Amy D de croire en moi beaucoup plus que je ne crois en moi-même, et à Dana pour son optimisme communicatif, son enthousiasme et ses mots gentils envoyés de l'autre bout du monde. C'est un bonheur d'avoir croisé vos routes.

Enfin, je remercie sincèrement toutes les personnes avec qui j'ai travaillé, et tous ceux qui m'ont accompagnée et encouragée. C'est grâce à vous que j'ai pu faire ce que j'aime.